宇宙を味方につける

こころの神秘と量子のちから

保江邦夫　はせくらみゆき

明窓出版

はじめに

はせくらみゆき（画家・作家）

初めて自我――これが私という人なんだという認識をしたのは、確か4～5歳の頃だったと記憶しています。

朝起きたときに、ハッ！　と気づいて、「あれっ、私は誰？　何を見ているの？」と思い、びっくりしたことを覚えています。

最初に見たのは、天井についていたシミの模様でした。それらの有機的な形をボーッと眺めながら、「ああ、私はこんなところにきちゃったんだなぁ」と思いました。

けれども、その「私」には、思っただけで自由に動かすことのできる手や足がついていて、しかも「気持ち」までくっついている。なんてすごいんだと感動したのでした。

今でこそ、そのときに感じた感覚を言葉として綴《つづ》ることができますが、当時ももちろんのこと、三十路になるまでその感覚を、語ろうとすら思いませんでした。

幼い頃は、一人でいることを好みました。

なぜなら、表面上は一人であっても、決して私は独りぼっちではなかったからです。

というのは、初めて自己を発見したときの感覚——「私」という人を見つめている、本体の私がいて、その本体の「私」を通して世界を眺めてみると、いろいろな存在物とおしゃべりできるので、ちっとも寂しくなんかありませんでした。

時には雲が話しかけてきて天気予報を伝えてくれたり、たんぽぽがおしゃべりしたり、あるいはカラスが世間話をしているのを、興味深げに聴いていたりもしました。

といっても、人の言葉で直にお話ししてくるわけではありません。

想いの塊《かたまり》が、まるごとポンッと入ってきて、そこに気持ちを向けると、なぜかわかる。それを頭で翻訳すると、言葉になるという感じです。

親は、誰もいないところで笑っている私を見て、とても心配したそうなのですが、私自身は、つゆ知らず、自分がいる世界の中で楽しく遊んでいた幼児時代を過ごしました。

その感覚が、どうやら普通と違うらしいとわかったのは、小学校入学前のことです。

お友達や大人が見ている世界と、自分が見ている世界に隔たりがあることを、幼いなりに感じるようになりました。

最もショックだったのは、他の人たちは、心の奥にいる本体の自分と、お話ししないで過ごしているようだ、と気づいたことでした。

以来、心の奥で眺めている本当の自分の存在について、これは誰にも言ってはいけないことなんだと思い、過ごすようにしました。

ただ、自分自身は、それをやめてしまうと、自分という存在そのものが消えてなくなりそうな気がしたので、ある時期がくるまでは、自分の内側だけでやりとりを続けていたのです。

その感覚を言葉にすると、表面の自分だけで暮らすと、怖いことがたくさんある世界。内側の自分から見てみる世界は、いつもハッピーで穏やかなイメージです。

私は両方の世界を行き来しながらも、基本は表面の自分の考えを優先して、ごく普通の青春時代を送っていたのでした。

転機は、結婚して子どもを授かった後に突然訪れます。いわゆる、神秘体験というものが起こったのです。当時はスピリチュアルな世界について、全く関心がなかったばかりか、むしろ避けていた分野だったので、大変戸惑いました。

けれども、起こっていること自体は現実そのものだったので、避けることはできず、再び、奥なる自分との繋がりを深めることにしました。

物理に興味を持ったのも、その頃からです。


実は、内なる自己を通してコンタクトしてきた意識体から、「宇宙授業」というレッスンが始まってしまったのです。レッスンの内容は多肢に渡り、宇宙の仕組みや法則性、地球の歴史や意識の科学についてなど、およそ自分の頭では思いつかないような内容ばかりが、つらつらと脳裏に示されていきます。

とりわけ時間が割かれたのは、宇宙の仕組みについてのレッスンでした。そこには、たくさんの数式が並び、物理学的な概念が届けられます（閃《ひらめ》かされます）。

もともと文系の私にとっては、戸惑うことしきりでしたが、中学の理科の参考書からやり直して、なんとかついていこうと努めました。

途中、何度も投げ出しそうになりましたが、どうやらその「授業」自体を、私自身が肉体に入る前にお願いしていたものらしく、逃れることはできませんでした。

とはいえ、難しいながらも、知れば知るほど面白く、かつ、宇宙の本質とは愛そのものであることが見えてくるので、そのたびに胸が熱くなりました。

とはいえ、このことを、人前でいうことを私は好まなかったのです。

なぜなら、怪しいから。

加えて、霊的な世界のことを語るのは、目に見える世界をおざなりにして、ふわふわと現実逃避をしている気がしたので、母として、社会人としてごく普通の日常生活を送っている私にとっては、ますます避けたい話題でもありました。


けれども、二年間に渡る毎日二時間の宇宙授業が終わり、その後、直観を通して直接、宇宙レッスンを続けながら人格陶冶をする（＝愛の度数を深める）という選択をした数年後、同じく直観を通して、「そろそろ、人前で伝えてください。宇宙の真実を知らせてください」と言われたのでした。

内なる自己の伝導役である直観に、逆らうことができない私は、ようやく重い腰を上げ、必要な人には話そうという決心をしました。

その後、不思議と人前でお話しする機会が増え、今の自分へと繋がっているのですが、その間ずっと、宇宙授業で習ったときの物理法則や仕組みについて、いつの日か、検証できますように、という想いを抱いていました。

とはいえ、なかなか適切な機会は訪れません。たとえ物理に精通している方がいたとしても、霊的な部分まで共有できることはなく、私はいつになったら出会えるのだろうと、首を長くして待っていたのです。

27年後、チャンスは突然訪れました。

お相手は世界的な物理学者、保江邦夫先生。

2020年の夏、保江先生から対談本のお話をいただいたとき、私はとうとう確認できる機会がめぐってきたと心を躍らせました。

しかも、お話のプロセス自体が書籍となって残り、必要な方とわかちあえるとは……。私は、宇宙の粋な計らいに感動し、天に向かって深々と感謝の祈りを捧げました。

さて、対談は三回に渡り、数時間かけて行われました。毎回、真剣勝負の体《てい》です。

二回目からは映像にも納め、程よい緊張感をもって密度の濃いお話が進められていきます。

その結果、科学とスピリチュアルの関係性が、どんどん浮き彫りになってきました。

それはまるで、カミサマが作った仕組みを、今わかっている地球の最新科学を通して解き明かしていこうとする試みでもあり、私自身にとっても、かつての宇宙授業の内容を検証していくものとなりました。

このようなプロセスを通して完成したのが本書——「宇宙を味方につけるこころの神秘と量子のちから」です。


本の中には、随所に、天才科学者——世界を圧巻させた物理法則であるヤスエ方程式を編み出されたDr.Yasueの、卓越した視点と拡がりが組み込まれていて、読めば読むほど味わい深く、宇宙の深淵——愛の海へといざない連れてくれます。


風の時代（水瓶座の時代）は、見えない世界が主流となる時代ともいわれています。

見えないから「無い」のではなく、見えないものがベースとなって、見える世界が造られていることを、知る時期がやってきました。

こうした見えない世界の深奥にあるのは、とりもなおさず「愛」そのものに他ならないことを、本書では様々なアプローチを通して言及しています。

科学と霊性の関係性は、長らく不和が続いていましたが、今の時代を迎えて、やっと仲直りしつつあり、量子物理学の登場で、急速に融和、和合し始めているようです。

かつての宇宙授業の中での言葉を引用するなら、霊性を磨くことと、科学が発達することは、表裏一体、不離不可分の関係性である、ということです。

ミタマを磨いて進化（神化）する。ミタマを磨いてミタママに。

本書に描かれている内容が、あなたの霊性磨きの一助となり、それを科学的知見で補完することで、より顕在意識も納得して進むことができますようにと願っています。

ようこそ！　知的エンターティーメントの旅へ。

宇宙を味方につける

こころの神秘と量子のちから

はじめに　3

パート1　『弱い人間原理』と『認識宇宙』

『弱い人間原理』と『認識宇宙』　16
コロンブスをその島に引き寄せたのは、シャーマンだった!?　31
『認識宇宙』――同時同刻に起こっている、それぞれのリアリティー　40
コロナ後の未来観――新型コロナウイルスの役割はなにか？　51
日本民族はなぜ思考停止になっているのか？　62

日本人がコロナに強い要因、「ファクターX」とはなにか？ 72
21世紀の地球大のルネサンス 83
「おとひめカード」の七つのキーワード 89
高次の意識を伴った物質世界を作っていく「ヌースフィア理論」 96

パート2　嬉しい奇跡しか起こらない世界

宇宙次元やシャンバラと繋がる奇跡のマントラ 102
嬉しい奇跡しか起こらない世界 108
時空を超えたネパールでの体験 117
サイババからの使者 123
思ったことが現実に「なる世界」――ワクワクする時空間に飛び込む！ 128

パート3　神の存在は物理学で立証されている

『対称性の自発的破れ』で宇宙は開闢《かいびゃく》された　134
湯川秀樹博士による『素領域理論』のわかりやすい解説　140
人間の行動パターンも表せる『不確定性原理』　145
神の存在を証明した『最小作用の原理』　151

パート4　新型コロナウイルスが軽く受け流される世界へ

『シュレーディンガーの猫』の実験　160
エヴェレットの『多世界解釈』
――マルチチャンネルで同時放映されている世界　168
自分が望む現象・現実の世界に移行するコツとは？　176

新型コロナウイルスが軽く受け流される世界へ 182
『置かれた場所で咲きなさい』の真解釈 189
「我思う、故に我あり、故に神あり」――デカルトは本質を見抜いていた 200

パート5 『置き換えの法則』で現実は変化する

『弱い人間原理』で、結果の確率が変化する 206
時間が進むのは、70億の人間の選択による 213
『置き換えの法則』で現実は変化する 221
「過去と未来の両方を決めることで今が決まる」のが新しい量子論 231
「マトリックス（仮想現実の世界）」から抜け出す方法 240
神へと歩みを進める神道という道 247
おわりに……Wonderful World へようこそ！ 253

パート1 『弱い人間原理』と『認識宇宙』

（対談第1回前半）

『弱い人間原理』と『認識宇宙』

保江　はせくらさん、今日はよろしくお願いいたします。

はせくら　こちらこそ、よろしくお願いいたします。

今、本当に面白い時代になってきていますよね。

保江　令和元年から、今上陛下が日本を守ってくださっていることもあり、それでさらに、皆さんが望めば、ワクワクするようなすごく良い方向にいきやすい時代になっています。

令和の二年間で、どんどん時代が変わりつつある気がします。

はせくら　少し物理っぽくいうと、不確実性になっていくというのでしょうか。

ものごとが、これまでと同じものや、決まったものではなくなってきている……、というのをすごく感じるんです。

保江　そのとおりです。

はせくら　私はアーティストなので、この世の仕組みの美しさ、不思議さを表そうとすると、アートになりますが、それを数式で表すと科学になります。
どちらも好きな分野です。

保江　おとといの夜、郵便受けに、献本くださった『コロナショックから始まる変容のプロセス』（はせくらみゆき　徳間書店）が届いていました。ありがとうございます。

さっそく昨夜、拝読いたしました。

タイトルのとおり、特に新型コロナウイルスについて語っておられますね。

そして、ゼロポイントフィールドの話、さらに、並行宇宙の話も取り上げていらっしゃいます。

他には、量子論や量子コンピューターの話もありますね。

はせくら　今日は、ぜひそうした物理学的なお話もおうかがいしたいと思っています。

保江　僕は今まで、はせくらさんにエスタニスラウ神父様を降ろしていただいたり、陰陽師などの不思議なことを話題にしたり、スピリチュアル系のお話ばかりしてきました。

つまり、一度も物理学者としての話をしていなかったわけです。

献本が届いたタイミングといい、今日お会いしているこの本の企画といい、僕とはせくらさんで、物理学の話をするお役目がきているのかなと思います。

そして、今日、始めにお話ししたいことがあります。

僕が、大学院で理論物理学を専攻して学び始めてから、すぐに教わったのに、実はつい最近までずっと嘘だと思っていた概念があるのです。

はせくら　ずいぶんと時間が空いたんですね。

保江　ええ。どういうわけか、二週間前ぐらいから、「僕は長い間、これを否定してきたけれども、ひょっとすると真実だったのではないか」と思うようになったのです。

これまでは、自分が至らないためにわからなかっただけで、もしかして、今の自分には理解できるのではないかと思い至りました。

そんなタイミングで読ませていただいたご著書で、はせくらさんは、ゼロポイントフィールドとか多世界解釈とか、量子論のいろんなことを書かれていて、なるほどと思いました。量子論の多世界解釈（注　世界はいくつもの枝分かれがあり、それぞれに独立した自分が同時に存在するとする説）や、自由意志の問題などに関するはせくらさんの解説を読んで、「ああ、こういうことか」と腑に落ちてきて、「これは正しいのだ」と気づいたのです。

その概念に基づくと、はせくらさんの解説は全部、ドンピシャリと当てはまります。

はせくら　お話を聞いて、まあ、どうしましょうという感じです。

保江　まず、それを先に説明させていただこうと思います。

それは、物理学の基本中の基本の考え方についてです。

理論物理学を組み上げていくとき、最初に仮定すべき大原理があります。

通常、物理学者はそれを、一般の人には知らせません。

例えば、皆さんがご存じの原理に、等価原理がありますね。

等価原理には、質量イコール重さであるという概念があります。重さというのは、地球に引っ張られる、つまり引力を意味しており、それを重力質量といいます。

それ以外にもう一つ、慣性質量というのがあり、これは別の概念です。

宇宙空間の無重量状態にあって、なにかの物をポンと叩くと、それに応じてその物は動き始めます。

このとき、軽い物はピュンと速く飛んでいくし、重い物はゆっくりとしか飛びません。

その軽い重いという質量を、慣性質量というのです。慣性の法則の慣性ですね。

これまでの実験では、慣性質量と重力質量は常に一致してきました。

地球に引っ張られる重さが５ｋｇのものは、無重量状態で叩かれて動くときも、５ｋｇの動きにくさがあります。

実験によって、慣性質量イコール重力質量ということはわかるのですが、全てのものを実験することはできません。

だから、重力で引っ張られるときの重さも、叩かれて動くときの動きにくさを表す重さも、同じだということを前提として、原理としたのです。

これが、等価原理です。

ただ、これは実験をすると結果がそうなるというだけで、なぜなのかは誰も知りません。

アインシュタインという物理学者は、この等価原理から出発して一般相対性理論を見出し、宇宙のあらゆることを極めました。

重力で引っ張られるときの重さと、横から叩かれたときの動きにくさの重さが同じというのは、理論立てて説明できることではないのですが、ただ、この宇宙ではそうなっています。

アインシュタインの若き日の姿に似ている保江邦夫氏の若き日

それから、原理ではなく法則になりますが、万有引力の法則もあります。

全ての物体は、引き合うというものですね。

他には、ファラデーの法則とかジュールの法則とか、物理学には法則や原理がたくさんあります。

先ほどはせくらさんがいわれた、「今は不確実性の時代である」ということを表すのに、実は『不確定性原理』というものもあります。

それらを、物理学者は、堂々と語っています。


ところが、通常は、絶対に口にしないような原理が一つだけあるのです。

僕は、これを大学院で知って、「この教授は、なにアホなことをいっているんだろう。こんなことが物理学としてまかりとおっているなんて、学者もみんな、ちょっとおかしいんじゃないの?」と思いました。

でも、これがないと、物理学が始まらないのですね。

はせくら　物理学者がいわないけれど、基本中の基本という原理なのですか?

保江　はい。それは、名前からしておかしいのですが、『人間原理』というのです。

はせくら　『人間原理』ですか……。

「これは、哲学の授業なんだろうか？」と思ってしまうようなネーミングですね。

保江　理論物理学の基本中の基本の原理の名前が、『人間原理』なのです。

これをいい始めたのは、イギリス生まれの物理学者、アルフレッド・ノース・ホワイトヘッドという優秀な方です。

彼が、「まず、『人間原理』を主張しないと物理学は始まらない」といいました。物理学の一番奥底にある、最初に仮定しなくてはいけない原理であるとのことなのです。

では、どういう原理なのか説明しましょう。

この宇宙は存在しています。宇宙の中の森羅万象全て、あらゆる現象は存在しています。

それについて、

「この宇宙、自然界の全ての現象、あらゆるものは、人間がそれを認識して初めて存在する。人間が認識しなければ、存在しない」という無茶苦茶な主張をするわけです。

つまり、我々がこの宇宙の森羅万象を認識しなくなった時点で、この宇宙はなくなるということなのです。

はせくら　全てが消えるのですか？

保江　消えます。そういう原理なのです。

ホワイトヘッドがそれを主張し始めたときは、当然、非難轟々でした。

「そんなわけがあるか」と。

しかし、その後、アインシュタインがジッドゥ・クリシュナムルティというインドのヨガの行者と対談したとき、クリシュナムルティがアインシュタインにこういったのです。

「アインシュタインさん、あそこにある月は、我々が見ているときは存在しているかもしれませんが、我々が見ていないときに存在しているという保証はどこにもないのですよ」と。

すると、アインシュタインは笑い始めて、

「そんなわけないだろう」といいました。

「我々が見ていようが見ていまいが、月はあそこにあるに決まっている。それが、物理学における世の理《ことわり》だ」と。

彼はそもそも、量子論にも大反対でしたからね。

はせくら　「神は、サイコロを振らない」ですからね。

保江　そうです。よくご存じですね。

そのときの世界のマスコミは、「ノーベル賞を獲った物理学者であり、一般相対性理論を創った巨匠のアインシュタインが、インドのヨガの行者に勝った」という表現で報道しました。

ところが、その後、ホワイトヘッドが『人間原理』というのを打ち出してきた。

はせくら　アインシュタインの発言後に、そんなことが起きたのですね。

保江　そうです。

ヨガ行者であるクリシュナムルティがインスピレーションでわかったように、「人間が認識しないかぎり、この宇宙の森羅万象は、存在しているという保証はどこにもないのだ」とホワイトヘッドも主張したのです。

物理学という学問において、まずは、人間が認識することが大前提だということです。

例えば、ニュートンの万有引力の法則も、物と物とが引き合うという現象を人間が見て、初めて存在するということです。

人間が認識する前には、物も何もないわけです。

物が二つあると認識できたとき、初めて万有引力の法則というものが生まれます。

つまり、この宇宙の森羅万象は全て、人間が認識しないかぎり存在しない、そのことがまず、大前提なんだ、というわけです。

もともと物理学というのは、自然界の物理現象についてありのままに記述しません。

実験室レベルで、「自然界の、ある部分を切り取った場合、こういう現象が起きたときには、こういう結果になる。それを説明するには、こういう法則があるとすればいい」という話になるのです。

つまり、切り取られたものは物理学者が見ているから説明ができるが、見ていないところでは、なにが起きているかはよくわからない。

『シュレーディンガーの猫（＊）』のような状態ですね（＊「猫」と「1時間以内に50％の確率で崩壊する放射性原子」と「原子の崩壊を検出すると青酸ガスを出す装置」を密室に入れた場合、1時間後には「生きている状態と死んでいる状態が1　1で重なり合った状態の猫」という不可思議な存在が出てくるのではないか、という思考実験）。

物理学者が認識して初めて、今、我々が知っている、物理学の法則に従った現象が起きるというわけですね。

はせくら　認識していないときは、『シュレーディンガーの猫』状態になっている……。

保江　その状態になっていますし、さきほどの『人間原理』でいうように、そもそも存在すらしていないわけです。

はせくら　その『人間原理』というものを、一般の人たちはほぼ知りませんよね。物理学者たちも、最初は『人間原理』を受け入れていなかったという。

保江　もちろん、初めてそれが提唱されたときには、誰も信じませんでしたが、それを認めようという人が、一人、二人とだんだんと増えていきました。

今から60年前、それが提唱された当時は、科学的に検証しようにも、その方法すらありませんでした。

ところが、科学技術が進歩して、やっと最近、非常に制限された状況下ではありますが、検証ができるようになってきたのです。

そして、どうやら本当らしいとわかってきたのですね。

自然現象の中で、一番、無機的というか、人間と無関係に起きているように見える物理現象が、それを観測している物理学者が認識しているときと認識していないときで、結果が違ってくる……。

検証実験があちこちで行われて、そうした結果が報告されるようになってきたのです。

はせくら　それは、観測問題ということですか？

保江　観測問題とも違うのです。

観測問題というのは、人間のチョイスの問題です。

Aの可能性、Bの可能性があるとして、ある観測者が観測しているときに、たまたまAになったとすると、その観測者の影響でAになった、という考え方です。

でも、この『人間原理』というのは、人間が存在するかしないかという点が、すでに問題になっています。

はせくら　そのさらに奥の、根本的なものなのですね。

そもそも、存在していないと成立しないという、それを信じる、信じない以前に、ここを前提としないと始まらないという原理ということですね。

保江　20世紀初頭までは、ニュートンの運動法則、万有引力の法則というような、皆さんが高校の理科Ⅰで習う、古い物理学の原理や事実しかわからなかったのですが、そのうち新しい原子や、原子核や、素粒子の世界のことまでわかるようになってきました。

しかし、それらはどうも古い物理学では解明できず、全く説明がつきませんでした。

じゃあ、どうやったら説明がつくのかを考えて、新しい理論が出てきたのです。

例えば、量子論が出てきたとき、最初はみんな、量子の世界というのが理解できない、認識できないわけです。

ところが、ボーア、ハイゼンベルグ、アインシュタイン、シュレーディンガーなどの天才的な物理学者が、

「量子の世界を認識した」といい出したとき、初めてそこに、量子の世界というものが出現しました。

はせくら　ということは、それを認識するまでは存在しなかった、と。

保江　おそらく、ありませんでした。

それまでは、ニュートンなどの古い物理学者の認識で世界はできていて、それで充分でした。

コロンブスをその島に引き寄せたのは、シャーマンだった⁉

はせくら　思い出したエピソードがあります。

これは、大航海時代、コロンブスの船が西インド諸島を航海した頃の、ある島でのお話です。

ある日、沖合の海に白波が立っているのを見て、不思議に思ったシャーマンは、その様子を、しばらく観察していたそうです。すると、だんだん視界に、今まで全く見たことのない、船のかたちを見つけることになります。

シャーマンは島民たちに、

「あそこに今、船がある」といいました。

けれども、他の人には全く見えなかったので、シャーマンが嘘をついていると思われました。

とはいえ、時間が経つにつれて、そのシャーマンを信じている周りの人の中から、一人、二人と、見える人が増え始め、やがて、全員が船を認めることになった。

それが、コロンブスの船だったのです。

つまり、そのシャーマンが見るまでは、そこに船は存在していなかったことになります。それを、シャーマンを信じている人たちから見えるようになっていき、ついに全員が見えるようになったというのも、この認識という『人間原理』と関わりがあるのでしょうか？

保江　それについては、脳の視覚認識のカラクリということでも、一応説明はできます。

脳は、記憶しているものしか認識できません。

ですから、おそらくは船の形状が、それまで島民たちが常日頃見ていた船と、かなり違っていたのでしょうね。そうなると、最初は見えないということもあると思います。

けれども、シャーマンや、先入観を捨てるような修行をしていた人には、直接、網膜に映っているものを取り込める、つまり、認識できるという能力があったのではないでしょうか。

そういう人が、声を大にしてみんなに、「船がいる」といえば、その人に信頼を置いている人たちは、「自分の目には見えないけれど、そうなのか」という気になります。するとと、網膜にある映像を脳が処理して、「なにか変なものがあるな。もしかして、あれが船なのか」と思わせます。

脳には、そういう機能があるのです。

その理屈から、最初は見えなかったものが見えるようになったことの説明がつきます。シャーマンだって、生まれつきその島にいたのでしょうから、コロンブスの船の映像は、記憶にないはずです。

ですから、彼だけが特別にすぐに見つけることができたというのは、映像の記憶が脳に残されていれば認識できる、という脳科学では説明できません。

はせくら　そうなのですね。

保江　はい。そうなると、なぜシャーマンがそれをすぐに認識できたのか、という問題になります。

もしかしたら、シャーマンというのは、先ほどもいいました『人間原理』の人間にあたる存在で、実は彼が、コロンブスを、その島に立ち寄らせるという事象、現象を生み出したのかもしれません。

もともと、この宇宙の森羅万象を存在させている力、認識力を、最も持っている人たちが、シャーマンとか、神がかりになる人、神官と呼ばれている人たちですから。

もしかしたら、コロンブスがアメリカ大陸を発見することも、なかったかもしれない。

でも実際は、彼自身の『人間原理』で、西インド諸島までたどり着くという現実をチョイスしてしまった。

ですから『人間原理』にも、人間界を代表するようなキリストやムハンマド、お釈迦様などの偉大な人物が認識することによって生まれる現象や、宇宙そのものというものがある。

一方、我々のような普通の人間もやはり神の一面ですから、我々個人としての『人間原理』もあります。

それが、僕が『弱い人間原理』と呼ぶものです。

だから、『弱い人間原理』をシャーマンがうまく使って、コロンブスの船を到来させるという現象を引き起こした、ともいえるのではないでしょうか。

はせくら　なるほどですね。で、この『弱い』とは、どういうことですか？

保江　強い弱いというのは、一般的には、単純に身体的な力が強いとか、財力が強いとかいい、逆の場合に弱いといいます。

ところが物理学、特に理論物理学、他にも数学の世界では、違う用途で使う表現なのです。

例えば、弱い原理というのは、ごく限られた範囲で通用する原理です。適用範囲が狭いのですね。

逆に、強い原理というのは適用範囲がより広く、より一般的なところにまで及んでいる、そんなイメージが一番わかりやすいと思います。

ですから、個人レベルの『人間原理』というのは、例えば、「空を飛べるような、素晴らしい乗り物があればいいのに」と夢見たダ・ヴィンチやライト兄弟が、飛行機のようなものを想像するまでは、この宇宙に、空を飛ぶ乗り物はなかったわけです。

彼らが、鳥が飛ぶのを見て、その構造を真似すればよいのではないかと思いつき、鳥の姿からスケッチを描き、模型を作って……、そうすることによって、だんだんと認識が強くなっていくのです。

しかし、その程度ではまだ弱い段階。適用範囲が狭く、飛べても数メートルです。

そのうち、だんだんと多くの人がそのプロジェクトに携わり始めます。それぞれがエンジンを作ったり、いろんな実験をしたりして、それを見聞きした人も参加したくなって、人数が増えてきます。

「これで、100メートルは飛べるぞ」とか、「アメリカから大西洋を無着陸で飛べるぞ」と、みんなの認識がどんどん広がっていくと、その背後にある『人間原理』が適用される範囲もそれにつれて広がり、今では、途中で燃料を補給することなく世界一周ができるような飛行機も、実現しています。

空飛ぶ自動車の発明も、そう遠くないでしょう。

はせくら　ということは、最初は『弱い人間原理』から始まって、やがてそれが汎用化されて、『強い人間原理』になるという考え方でいいですか？

保江　そうです。
　この宇宙開闢のときは、人間の代表として、全人類の理想を一つにしたような人間が存在して、その人の認識によって、この世界が成り立っているという考え方が、最強の『人間原理』です。

はせくら　ありとあらゆる全てのものをたたみこんでいる存在があり、そこからスタートしたということでしょうか？

保江　そうです。

はせくら　そうやって始まった、その分身の末裔である私たちが感じている、つまりは認識している世界観、宇宙観、この時間空間の観念というものが、『弱い人間原理』を成り立たせているのですね。
　それに対して、『強い人間原理』というのは、どのように説明できるのでしょう？

保江　よく、１００匹目の猿現象といいますね。

　ある地域の１匹の猿が芋を洗って食べるようになり、それを真似する猿が１００匹を超える数になると、別の地域の猿も、突然、芋を洗うようになる、という説です。

　このように一人ひとりが、ある原理について「この原理は正しい」と、自分の世界認識、宇宙認識を広げたり人に伝えたりして、それを認める人がある一定の数を超えれば、それがすーっと当たり前になります。

　当たり前になったそれが、『強い人間原理』になるのです。

はせくら　蝶の羽ばたきについての、バタフライ効果（＊）というものもありますね（＊ある系の変化が、初期条件に極めて鋭敏に依存する場合に見られる、予測不可能な挙動のたとえ）。

保江　よくご存じ。さすがリケ女ですね。

はせくら　これってリケ女なんですか（笑）？

私は、霊性と科学との関連性に興味があって調べている、ただのオタクです。その知り得ている知識の中から、どの概念が近いかなぁと思い、お尋ねしてみました。

で、『人間原理』とのかかわりに関しては、例えば、1匹の蝶の最初の羽ばたきが、だんだんと地球の裏側まで、そして全世界にまで影響を及ぼしていくというように、一人の想いの発現が、やがては、世界レベルに至るまで影響を与えることもある、ということですか？

保江　そうです。

今では、物理学の最も基本的な原理が『人間原理』です。

僕は、この『人間原理』について、つい最近までバカバカしい話だと思っていました。

ノーベル賞を獲った湯川秀樹博士と朝永振一郎博士がいらした、京都大学の物理学の大学院に入って、さあ、頑張って勉強しようというときに、『人間原理』を真っ先に教わったら、ちょっとびっくりでしょう？

「物理学者といえども、バカな人がいるものだ」と、頭から否定してしまいました。

京都大学の理系でも、一番変わった大学院生だった僕ですら、「そこまではちょっといえないな」と思いました。

そしてそれ以来、そんなことは嘘だとずっと思っていたのです。

はせくら　何十年も、ずっとそう思っていらしたのですね。

『認識宇宙』――同時同刻に起こっている、それぞれのリアリティー

保江　そう。でも、二週間前にふと気づいたのです。

実は、それまでにも、いくつか予兆はありました。

例えば、僕がある人と会って、いろいろと話し合って決めた内容が、後から擦り合わせてみると、お互いにずれているのです。

その人は、「自分は記憶力もいいし、絶対に嘘をいわない人間だ」と思っています。

一方、僕は以前に見聞きしたことを、はっきりとした映像記憶から再現できるのですが、その人がいうこととだいぶん違っていたのです。

はせくら　その方はその方で、ご自分の記憶を本気で信じていらした。

保江　はい。どうやら、本気で信じていました。

最初は、「こいつはなにものかに騙されているに違いない」と疑いましたが、どうやらそうでもないようなのです。

そういうことが他にもたくさん起きてきて、「なにか変だ」と気づきました。

同時に、この世の中は住みにくいなとも思いましたね。

中には、僕の著書に、「事実と違う内容が書かれている」と、出版社に苦情の電話までかけてくる人もいましたし。

とにかく、あるはずがないことが、あまりにも頻繁《ひんぱん》に起こっていたのです。

はせくら　それは、ここ最近のことですか。

保江　いいえ、それは昔からです。

でも、そうした現象が、『人間原理』に関係するとは、思いもよりませんでした。

ところが、特に新型コロナウイルスの騒動が始まって以降、なぜか急に思い出したのです。

みんながコロナを怖がって、ニュースでは世界で何十万人も死んだと報道され、医療関係者も恐ろしい感染症だといっています。

でも、「なにかおかしいな」と引っかかり始めました。

「コロナ感染が怖いから、マスクをしましょう。家で自粛しましょう」などと聞くたびに、なにかが違うと思ったのです。

「ひょっとして、コロナはぜんぜん怖くないものなのに、それこそ、本当は愛の、太陽の化身なのに、みんなが怖い怖いと思うからそうなってしまうのではないか」、と。

ただそれを、単に心理学、例えば、ユングがいうような共通無意識などで説明したくはありませんでした。

そして、「この違和感はいったいなんだろう」と不思議に思っていたときに、『人間原理』のことを突然、思い出したのです。

「そういえば、こんな原理があったな」と。

そして、閃きました。

ホワイトヘッドがいった『人間原理』の人間というのは、おそらく大多数の人間という意味で、「大多数の人間が認識しているからこの宇宙は存在する」という、強いいい方でした。

そして僕は、『弱い人間原理』というものに気づいたのです。

『強い人間原理』というのは、大多数の人間が認識しているからこの世界は存在している、ということ。

『弱い人間原理』というのは、一人ひとり、個人が認識している宇宙が存在しているということです。

つまり、個人が認識している世界というのは、別の個人が認識している世界と違っていていいのです。

それに気づいて、僕から見るとこの宇宙の中の、ある出来事はこうだったけれど、それに関わった別の人から見たらまた違う、というのが本当ではないかと思ったのです。

そして、このことを『弱い人間原理』と名づけて、これからはこれでいきましょうということを主張したいわけです。

みんな、一人ひとりは弱くても、『弱い人間原理』でたくさん集まればいいと思うのです。

これまでは、『人間原理』でコロナは怖いと思わされてきました。

そこに、例えば、はせくらさんや、東大医学部名誉教授の矢作直樹さんや、保江邦夫という、強めの個人が出てきて『強い人間原理』で訴えるよりも、『弱い人間原理』を使って、それぞれの人に「コロナは愛すべき存在」ということを受け入れてもらうと、はるかに早く世界を変えられるのではないかと思い始めました。

そう思っていたところに、はせくらさんのご本を拝読して、「はせくらさんはこのことをおっしゃっている」と気づいたわけです。

はせくら　そうですか。

今、先生がおっしゃったことを私の言葉に置き換えると、『認識宇宙』になります。

それぞれの認識によって宇宙は成り立っている。でも、意識というものを自己から消すと、例えば寝たときに、宇宙は全部消えるのです。

そして、私の中でも瞬間瞬間に、認識宇宙は変わっています。

その時々に、その意識の点が見ている世界を、我の宇宙としています。

そういう意味では、自分の中でも瞬間瞬間で異なるし、同じように他人も別のものを見ているのです。

私の宇宙ではあるものが見えていても、まるっきり同じ風景の前にいる他人の宇宙では、それは見えていないということがあるでしょう。

これは、同時同刻に起こっている、それぞれのリアリティーであるという認識なのです。


保江　そのとおり。

まだ、『人間原理』なんていう言葉さえ知らない大学生だったとき、僕はほとんど大学に行きませんでした。

大学の専攻は天文学科でしたので、大学に行くのは、星が見える夜です。でも、夜は寝ていることが多かったので、大学に行けなかったのですね。

生きていると、誰でもいろいろと嫌なことがあるでしょう。

そういうとき、僕はどうしたかというと、誰に教わったわけでもないのですが、とにかく寝ました。

寝るとリセットされるというか、嫌なことがあったここの宇宙からおさらばできて、次に目が覚めたときには嫌なことが起こらなかった宇宙にいられる。

今はそんなふうに思っていますが、当時はそういう認識もなく、とにかくそうしなくては生きていけなかったのです。

もう、自然にそうしていたんですね。


はせくら　私は、寝たら本当に忘れてしまいます。

若い頃って、みんな、なにかしらの悩みを持っているじゃないですか。

ですから、その日は悩むこともあるのですけれども、寝たら全部忘れるので、周りからは驚かれるわけです。朝起きたら、いつもハッピーなので。

そこが逆に悩みになって、カウンセリングに行ったことまでありました。

「私、嫌なことは全て、寝たら忘れてしまうんですけれども、どうしたらいいでしょうか？」

「それは幸せなことですね」

で終わってしまいましたけれども（笑）。

保江　いいカウンセラーに当たってよかったですね。

はせくら　嬉しいことは覚えているのですが、ネガティブなものはあまり持ち越せず、思い出せなくなることが、不思議で仕方がなかったです。

保江　お互い、似ていますね。

はせくら　なので、他の方からお悩み相談を受けたときに、「寝たら大丈夫になるから」と伝えても、「寝たって忘れないです」といわれてしまいますよね。

私の悩みは、忘れてしまうというより、消えてしまうのです。その悩みが、もともと存在しないところに行ってしまうという感じです。

保江　違う世界に行きますからね。

はせくら　はい。だから、いつもハッピーです。

一時《いっとき》はなにかが重荷になったとしても、次の日はまたリセットされて、新しい朝と新しい自分、まっさらな自分がそこにいるのです。

リセットというよりは、必要がないと認識した情報がデリート（削除）される感覚かもしれません。朝には、デフォルト状態になるのです。

そして、またそこからスタートします。

「今日は、どんな情報をインプットしようかな」と楽しみになるという、そんな感じです。

保江先生は私をリケ女と呼んでくださっていますが、実際は文系です。ただ、趣味として、頭がいっぱいになったときは、簡単な二次方程式の問題とかを解いて、答えがパシッと出てくる感覚を楽しんで、ストレスリリースしていたんですね。

保江　僕もそうです。

はせくら　そんな中で、量子力学と出会って、「ああ、私が知りたいのはこれだ！」と思ったのです。二重スリット実験やシュレーディンガーの猫など、量子が持つ不思議な性質を知ったときは涙ものでした。

なぜなら、今まで聖者と呼ばれる人たちが伝えていた世界観が、いよいよ科学の見地からも解き明かされてくるのかと思うと、興奮が止まりませんでした。

そうして、手あたり次第に本を読みあさっているうちに、「今、見ている世界は、全体の中のごく一部にすぎない。けれども、見えていない部分も含めて、そこには同じ法則性が流れている」ことを確信しました。

それが、「愛（天意）」です。

愛は全ての基礎となる、最大にして最高の原理です。

とはいえ、いきなり「愛が全てです」と口走っても、普通は「ハァ?・」となりますものね。なので、そうした原理を体感する一つのツールとして、量子物理を学ぶのもアリかも、と思います。

ところで、先ほど保江先生がおっしゃった、相手との記憶の相違ですが、そうした経験、私もたまにあるので身に沁みます。

例えば、同じ出来事を共有したとしても、その方が認識している世界と、私が認識している世界に相違があって、話の辻褄が合わなくなるといったケースです。

保江　まさに、同じです。

はせくら　この場合、「異なるパラレル宇宙での認識なんだな」と考えて、「分岐していく世界の異なるバージョンのほうを選んだのだな」と思うのですが、どうなんでしょう？

保江　そのとおりですね。

はせくら　人はそれぞれの世界観、宇宙の中で生きていますしね。例えば、凶暴なコロナという認識で世界（自分の認識のフィールド）を捉えていたら、外出も嫌になってしまいますものね。

こうなると、観念としてある、想像上の世界では収まらず、すでに実在論になってしまいますね。

保江　そうですね。今、まさに実在論でそうなってしまっているのです。

コロナ後の未来観——新型コロナウイルスの役割はなにか？

はせくら　それでは、今、この地球ではなにが起こっていると思われますか？

保江　コロナで、お身内の方やお友達を亡くされた方は大変お気の毒ではありますが、僕の未来観では、今、地球はどんどん良い方向に向かっていっているような印象を受けています。

というのは、まず２０２０年の春、５月、６月くらいは、新緑の鮮やかさが、例年と比べ物にならないぐらい素晴らしかったのです。

特に、僕の実家のある岡山とか、田舎に行けば行くほど鮮やかで、空もきれいでした。

東京でも、夜になるとけっこう星が見えます。

はせくら　東京で、ですか？

保江　はい、見えます。

コロナの前までは、ジェット旅客機が、全世界で毎日、一万数千機飛んでいました。

その一万数千機のジェット旅客機が、排煙を撒き散らしながら成層圏を飛んで、空気を汚していたのですが、それがなくなったのです。

飛んでいるのは、国内線のちょっとした飛行機だけで、全世界でも、1000機程度でした。

たった数ヶ月間旅客機が飛ばなくなっただけで、空気がこんなにもきれいになり、東京中心部でも星がきれいに見えたのです。田舎に行ったらなおさらです。

地球の浄化能力は、想像以上に強かったのです。

もし、我々人類が完全に滅びたら、おそらく一週間で地球は元どおりといってよいほど、浄化されるでしょう。

空気とか植生については、汚染から蘇《よみがえ》ります。

地球、マザーアースといわれる母なる大地は、こんなに強い存在だったんだということを、今回、コロナによってわからせてもらいました。


はせくらさんが、コロナをコロちゃんと親しみを込めて呼んでいますが、僕も、コロナは友達のような扱いをしたほうがいいと思います。

新型コロナウイルスを、怖いと思っていればいるほど、やられてしまいますから。

『人間原理』がありますから、人間が「新型コロナウイルスは悪い存在だ」と思えば思うほど、悪い存在になるのです。

逆に、愛すべき存在だと思えば思うほど、良い存在になるのです。


僕自身は、医学的、疫学的、科学的な面で、最終的にこの新型コロナウイルスで人類の存在そのものが脅《おびや》かされるとは思っていません。

ただ、社会学的、民族学的、それから心理学的に脅かされているような気がしています。

というのは、3．11のときは、福島原発の破綻で全国に逃げていった人を、地元の方々は温かく受け入れてくれました。でも、今回は石を投げてきます。
東京ナンバーの車で岡山を走ったら、石を投げられるのです。

はせくら　リアルに？　実際にですか？

保江　実際に。
僕の友達が、親族が亡くなってそんなに深い付き合いではないけれども葬式には参列しようと、ゴールデンウィークの自粛期間に、わざわざ新幹線で岡山まで行ったそうです。
そして斎場まで行ったら、受付にいた親族の一人が彼をチラッと見て、「お前は東京の人間じゃないか。来るんじゃない。帰れ」と叫んで、斎場にも入れてくれなかったのです。

はせくら　親族の方がそんなことを？

保江　一人がいい出したら、みんなが口をそろえていうのです。

「帰れ帰れ、コロナは帰れ」って。
もう、田舎に行けば行くほど、洗脳されてしまっています。

はせくら　それはテレビなどの、オールドメディアを見ているからでしょうか？

保江　たぶん、そうでしょう。
いつもは息子さんに、「ゴールデンウィークには帰っておいで」というおばあちゃんが、帰ってきた息子に、「なんで帰ってきたの」となるわけです。
本当は嬉しいけれど、近所の目がありますから。息子が東京で働いているとご近所さんがわかっているので、「なんで帰らせたんだ」といわれてしまうのです。
つまり、東京の人は必ずうつすと思われているのですね。

はせくら　全都民が、ウイルスを持っていることになっているのですね。

保江　感染症のパニック映画のごとく、とにかく東京都民を排除しようという動きがあって、とんでもなかったですよ。

はせくら　コロナが流行り出した頃、私はたまたまイタリアに住んでいたのですが、感染者が増えるにつれて、私のようなアジア人顔が歩いていると、中には、おもむろに嫌な顔をする人もいて、感染者が増えるにつれ、だんだん私を避けながら歩く、というような雰囲気になったのです。

保江　モーゼが海を割ったみたいに。

はせくら　そうですね。確かに、ロックダウン直前のイタリアの空港では、もろ、モーゼ状態っぽかったです（笑）。

保江　田舎では、特に中高年以上に、まだまだネットが普及しておらず、新聞やテレビのニュースでしか情報が入らないので、怖い印象しか与えられないのでしょう。

東京が、非常に悲惨な状況になっているかのように報道するので、ごく一部の病院の映像などを見て、東京どころか関東全域がそうなってしまうと思ってしまうのです。

僕は、東京と地方をしょっちゅう行ったり来たりしていますが、上手に使い分けています。

岡山で住所を書くときは、あちらの住所を書いたりですね。


日本の古き良き縄文の頃からの、互いに自他の区別がなくみんなが仲間という意識がどんどん薄れてしまい、自分、仲間、よそ者、とはっきり分かれてきています。

それが今、地球で起きていることです。

日本以外では、もともと自他の区別が強かったのが、さらにもっと強くなり、東洋人はダメだ、アフリカ系もダメだ、となってしまって、白人至上主義がかなり台頭してきています。


はせくら　それは、グローバリゼーションという名で一緒くたにされてきたものが反転したナショナリズムであり、分断の極みを体験することによって、さらに次のステージへ行くことの表れです。

そして、それらがより統合されて、そこからまた次のステージへと行きます。

今、まさしく逆転しようとしているそのプロセスを見ている段階であると、私は捉えています。

保江　そのとおりだと思います。

単に、新型コロナウイルスの蔓延や、死亡者数増加などの懸念に焦点を当てるのではなくて、人間の本来の連帯が、ズタズタに切り裂かれつつあるという現実を知ってほしいですね。

はせくら　スポット的に見るとコロナは大変なことですが、これは同時に、古いシステムが終了して、新しいシステムへと移行する「うみだし」（膿出しと産み出し、二重の意味を掛け合わせている）のようなものだと考えています。

大変かそうでないかと問われたら、もちろん大変でしょうが、大変という言葉は、文字どおり、大きく変わるとも読めるので、大変化における産みの苦しみを通過中なのではないかと。

けれども、それを出産に例えると、陣痛を越えて、可愛い赤ちゃんを抱くことができる。そこを想いつつ、過ごしていきたいと思うのです。

保江　まさに、そうですね。

おそらく、今起きていることは、新型コロナウイルスというものがなかったら、とうていありえなかった状況ですよね。

そして、このタイミングで地球にやってきた、新型コロナウイルスの役割はなにかということですが。

僕自身は、今の状況はベストだと思っています。

これは以前からいっていたことですが、僕は、日本はまた、鎖国すべきだと思っているのです。

外国からの観光客のためには、国内の一ヶ所か二ヶ所、長崎の出島的なものを作ります。

そこに、模擬的な日本、例えばディズニーランドのようなジャパンランドといった世界を作って、そこでおもてなしをする。それ以外は、外国人は全てシャットアウト。

日本人が外国に行くのもダメです。

例えば、大学の卒業旅行で気軽に旅行に行くなどは、言語道断です。

そもそも、外国に行きたい人は自分で稼いでお金を貯めて、高い飛行機代を払って行くべきです。今の安い飛行機代は、間違いだと思っています。

兼高《かねたか》かおる（＊）のあの時代のように、それなりの金額をきちんと稼いで、初めて行けるようにすべきです（＊世界の約150ヶ国を取材したナレーター、ディレクター兼プロデューサー。『兼高かおる世界の旅』という紀行番組が、1959年から1990年にかけて放送された）。

そういう人たちだけが外国に行っていた時代は、渡航先でトラブルを起こしたり、事件に巻き込まれたりするようなことは本当に少なかったのですね。

今では、日本人はおかしな感覚を持っていると、世界中でいわれるようになってしまいました。大学生などの経験が浅い若者たちがお気楽に海外旅行をするから、日本の評判を下げるのです。

だから僕は、前から鎖国すべきだと主張していました。

でも考えると、ふと気がついたら今、そうなっていますね。

はせくら　鎖国になってしまいましたね。令和版鎖国。

保江　令和になって、一年も経たないうちに鎖国でしょう。

僕が考える『弱い人間原理』で、「鎖国にしてほしい」と思っていたところ、新しい時代の今上陛下のおかげで、それが実現されたのです。

だから、僕にとって新型コロナウイルスは、僕の『弱い人間原理』での希望を叶えてくれた、スーパーマンというか、ウルトラマンというか、月光仮面というか、「正義の味方」なんですね。

はせくら　『弱い人間原理』から、『強い人間原理』へと、拡大移行してくれたということですね。

保江　移行させてくれたヒーロー、それが、新型コロナウイルスです。

はせくら　新コロちゃん。面白い見方ですね。

保江　新コロちゃんがいなかったら、僕の『弱い人間原理』では、鎖国は絶対に現実化されていなかったはずです。

一回目の緊急事態宣言があった頃などは、新幹線はがら空きで、東京から岡山まで、僕以外は車両に誰もいませんでした。貸切状態です。

そして、岡山駅のホームでは僕一人だけが降りて、改札口まで歩いていったら、「コロナ来るな」って書いた立て看板があるわけですよ。

県庁の職員が、その立て看板を持って立っていたのです。

はせくら　県知事が、「来た人には不愉快になってほしい」とかいっていましたよね。

保江　もっと過激です。

「ゴールデンウィークに岡山に来たことを、後悔させてやる」っていったんです。

はせくら　えっ、本当ですか？

保江　それで炎上してしまって、翌日には頭を下げました。いくらなんでもいいすぎでしょう。

けれども、「コロナ来るな」と書いた立て看板を持って岡山駅に職員を立たせるということは実行して、そこに僕が一人、到着したというわけです。

はせくら　でも、保江先生がどこから来たかはわからないですよね。

保江　はい。ただ、東京方面から来た新幹線から降りてきたということしかわかりません。いろいろな意味で、破綻していますよね。

命令でやらされていた県の職員も、本当にかわいそうでした。

でも、これが本当の田舎の実態です。他府県ナンバーの車が来たら、リアルに石を投げるんですから。警察沙汰になったこともあったとか。

だから岡山には、「県外ナンバーですが、岡山に住んでいます」というステッカーが売られていました。それをプレートの上に貼れば、石を投げられることもなかったといいます。

それから、岡山で車を走らせていたのですが、まわりは何町もある広い田んぼで、その隣もまた、何町もある田んぼでした。

ちょうど田植えのシーズンで、農家のおじさんがトラクターに乗って、一人、田植えをしていました。

それが驚いたことに、誰もいない広い田んぼの真ん中で、マスクをしているのです。隣の田んぼとは、500メートル以上は離れているのにですよ。


はせくら　なんのためにマスクをしているのかという、もともとの目的については、考えていないということですね。

例えば、ユニクロの夏マスクが出たときに、大勢の人が詰めかけて長蛇の列ができているとの報道を観ていたんです。

けれども、その様子がまさしく「密」そのもので、同じ画面の上方ではテロップとして、三密厳禁と打ち出されているのが、なんとも滑稽な感じがしました。

保江　ニュースで、政府の方針として「マスクをしなさい」といっていたから、とにかくする、ということですね。

はせくら　日本人は素直すぎるのか、多くの人が、深く考えることを放棄してしまい、思考停止に陥《おちい》っている感じがします。

保江　いい表現ですね。日本民族が、新型コロナウイルスで思考停止したのですね。縄文時代以降、日本民族は、一度も思考停止になんかなりませんでした。3．11のときも、関東大震災のときも、常に思考をしてきちんと動いていました。ところが、今回だけは思考停止に陥っています。

はせくら　なぜ、思考停止してしまったのでしょう？

保江　僕はマスメディアが、特にオールドメディアである新聞やテレビのニュースが全て、

「コロナ怖い」と伝えるからだと思います。

岡山県知事もそうですが、東京都知事も、総理大臣も、非常に警戒するようにといっています。

お上《かみ》が、「危険、ステイホーム」といっているわけです。

それで、ほとんどの国民が思考停止になってしまいました。それ以外には、要因はないと思います。

僕の仲間は、ほとんど僕と似たような人たちだから、コロナなんて気にもしないと思っていたのに、今回だけは、その8割が「ステイホームが当たり前」だというのですよ。

「いったいどうしちゃったの」と僕が憤《いきどお》ったくらい、お上のいいなりになっています。

はせくら それは、同調圧力を受けて、社会に合わせるという意味でおっしゃっているのでしょうか?

保江 僕の仲間というのは、これまで社会に反発していた連中なわけです。いい意味で、反社会的なのですね。

だから、一般の人は社会の圧力で動くかもしれませんが、少なくとも僕の仲間は、そんなわけないと思っていたのです。

でも、今回だけはおとなしくなっていて、ちょっと驚きました。

はせくら　みんなが同じ発言をしているときには、一つの社会工学的な実験をしていると私は見ています。

そこで、例えば、「この裏では、どんな法案が通っているのかな」とか、「諸外国では、どんなことを伝えているのかな」とか、別の観点から考えてみるのですね。

コロナが騒がれ始めた頃は海外にいたので、日本で流れているニュースと、現地（イタリア）や、他の欧米諸国とのニュースの質が、あまりにも違っていたのに気づいて、ある意味、ショックだったんです。

日本のニュースは内向きなものが多く、かつ、気持ちが滅入っていくような内容ばかり、フォーカスされているように思いました。

他にも、ヨーロッパのニュースでは、重要な世界情勢やイスラエルの問題、クルド人やウイグル問題などがクローズアップされているのに、日本のニュースに切り替えた途端、芸能人の不倫が話題になっていて、びっくりするわけです。情報も鎖国状態で、ガラパゴス化しているのだろうか、と思ったほどです。

ところで、コロナの発生時、横浜港に停泊していた大型船、ダイヤモンドプリンセス号での集団感染が問題になっていた頃、実はイタリアでも、毎日報道されていたんです。

保江　それは、どうしてでしょう？

はせくら　船長さんが、イタリア人だったからです。

それで、毎日、日本でのニュースとイタリアの報道を見比べていたのですが、コロナに対する空気感が、日本のものとぜんぜん違うことを感じました。

普段は、お店などにいってもよく中国人に間違えられるので、「いいえ、日本人です」というと、ニコニコと話しかけてきてくれるのですが、あるとき、「日本人は誠実だと思っていたのに、インペータイシツ（隠蔽体質）だったの？」と聞かれ、ショックでした。

保江　日本人が、コロナの実態を隠しているということですね。

はせくら　どうやら、そう思われてしまったようです。「真実を正しく伝えていない」と、彼らはいいました。その辺りから、「あれ？　なんだかおかしいぞ」という感覚が一層強くなり、情報の質やソースに、より注意を払うようになりました。

とにかく、一方からの情報ではなく、あの手この手で、様々な角度から情報を入手し、その上で、自分自身で考え、精査していく、というようになりました。

例えば、具体的な見極め方の一つとして、流されたニュースの情報は、誰が得をするのかと考えることです。特に、フォロー・ザ・マネー……お金の流れを追っていくと、カラクリが見えてきたりもします。

もともと、我が家にはテレビも新聞もなかったんですね。それで、情報はネットから取るという感じだったのですが、今の若者たちはより、オールドメディアに頼らない人たちが多いですよね。

しかも、異なる種類の発信元から、同じ出来事のニュースを捉えて、判断したりもしているので、さすがデジタル世代の子どもたちだなぁと思いました。

保江　今のお話でよくわかりました。だから、田舎に行けば行くほど、一面的で昔風の考え方になってしまうのですね。

はせくら　オールドメディアが幅を利かせている世界です。

保江　田舎は、それに乗せられる人がほとんどだから。

都会ではオールドメディア以外から情報を取る若者が増えているので、まだ大丈夫だと思いますが、田舎は、本当に昔ながらの情報で動いているでしょう。

帰国されて、日本のマスメディアに違和感を持ったのは当然だと思います。

日本の重要な科学者で、ノーベル賞を獲られた、日本のファウチ（＊）的な考えを持った方がいらっしゃるんですね（＊米国の医師であり、免疫学者。トランプ米政権下の新型コロナウイルス対策チームの中心人物の一人）。

実は、この方の研究センターでは、コロナ騒ぎがだんだんと大きくなっていた2020年3月末で、巨額の政府予算がカットされたのです。

研究センターで雇っていた何十人もの医者や科学者の卵は、みんな雇い止めです。

それからというもの、この先生は、政府寄りの発言しかしなくなったのです。

つまり政府は、ノーベル賞を獲ったこの方が世間への発言力があるから、政府寄りのスピーカーにしようと思って、おそらく、わざと予算をカットしたわけです。

はせくら　いわゆる、御用学者に？

保江　そう、仕方がないですよね。

それで、政府寄りの発言をし始めたと思ったら、政府に新型コロナウイルス対策について助言する委員会に入ったわけです。それまでの人は、ほとんどクビになりました。

彼も、一人でやっているのならいいですけれども、何十人もの若い学者と医者の将来を握っているのですから、簡単にはいかないのです。良心はまだ残っていると思いますが。

日本人がコロナに強い要因、「ファクターX」とはなにか？

保江　新型コロナウイルスに対する諸外国、欧米の状況をみると、日本が違うところは、死亡率が極端に低いことですよね。毎年、インフルエンザで死亡する人の数よりずっと少ない。

かたや外国では、何十万人になっている国もあります。

これは、なぜでしょうか？

その理由は、日本には未知の要因があるためとして、その要因を「ファクターX」と呼ぶようになりました。

では、この「ファクターX」とはなにか？

僕は、おそらくそれは、日本特有の食べ物だと思います。

そう考えていたところ、はせくらさんのご本で、一番の焦点が麹《こうじ》だったので驚きました。

実は、僕の友達で『まるみ麹』という麹店の社長が、世界で初めて、米麹のパウダーを開発したのです。

それを製品化する前に、僕に、半年間続けて試してくれと頼まれました。

なぜかというと、僕は大腸がんの手術をしたので、腸が人の半分の長さしかないため消化機能が低く、ずっと下痢をしていたからです。症状が改善されるかどうかを検証するための、モルモット役でした。

はたして、これを食べ物にかけ始めてから、手術後に初めて正常な便が出るようになったのです。かけ忘れると、また戻ってしまいます。

半年後、僕が、

「モルモットをしたおかげでよくなった」と報告し、

「じゃあ、製品化するわ」と、晴れて売り出すことになりました。

モニター期間が終わったので、僕もお金を出して買わなくてはいけなくなってしまいましたが（笑）。

だから、新型コロナウイルスに対して麹で腸内環境を整えるというはせくらさんのお話を読んで、よくおわかりになったなと思いました。僕も、それだと思っていましたから。

ただ、その理屈が判然としていなかったのですが、先日、やっとわかったのです。

インドのお医者さんが突き止めたらしいのですが、論文にもなっています。

それによると、新型コロナウイルスは、単独では肺炎を起こせないそうです。

では、その感染経路はどうなっているかというと、ウイルスが腸に入って、たくさんある腸内細菌の中の何種類かの細菌に侵入し、その細菌を、結核菌のような、肺に対して悪いことをするサイトカイン系の細菌にしてしまうといいます。

それが、血流に乗って肺に入り、肺の奥でサイトカイン反応を起こすことにより、人は肺炎になってしまうのです。

そして、重症化すれば、結核と同じように死に至らしめると。

ですから、麹菌などで腸内環境をきちんと整えていれば、腸内細菌に新型コロナウイルスが侵入するのを防げます。


はせくら 私の本の中でも、まさしくそれをいっていたんですね。

コロちゃんとのコミュニケーション、Q&Aの、「どうしたらあなたはいなくなる?」のところだったでしょうか。

「まずは、僕が活動しにくい環境を作ること。それは、外も内も一緒だよ。特に内のほうは、君の体の多くを占める微生物さんたちを元気にするといいよ。すると、僕がお邪魔したくても、先客でいっぱいなので、玄関先で追い出されてしまうんだ」と書きました。

保江　まさに、それです。

僕が今回、ほとんどマスクなしでいても、ずっと元気でいられるのは、麹のおかげだと思っています。

これが、僕の腸内環境を整えてくれたので。

はせくら　麹パワー、すごいですね。麹は、国菌でもありますから。

目に見えない、でもたくさんいる微生物。その中でも、麹さんたちを中心として、日本人は味噌や醤油など多くの食品を作っています。

そんな私たちの食生活や、世界の中でも非常に衛生的といわれるような生活習慣が、コロナに対しても大きな効果を発揮してくれているのですね。

もう、「なんてありがたい、ご先祖様からの知恵だろう」と思います。

保江　それが、「ファクターX」でしょうね。
日本において、新型コロナウイルスがそこまで猛威にならずにすんでいる未知の要因というのは、まずはそうした細菌です。まさに、国菌ですね。

岡山の倉敷に、僕の苗字と同じ「保江」さんという名前の女性が運営している『おはようナーム』というパン屋さんがあるのですが、その店では、麹を使ってパンを作っています。

お店は、もともと日本の古民家で、麹でパンを熟成させているのです。

そこに、まるみ麹の社長が出入り業者として麹を卸していて、僕も実は、その社長とそこで知り合ったのです。

保江さんが、なぜ日本の古民家で麹のパンを作る店を始めたかというと、土壁というのがとても重要だからだそうです。

日本の古い土壁は、土をこねるだけでなく、中に小さく切った藁を入れている。

藁は稲の茎ですから、それを混ぜて発酵させると、藁についている米麹が熟成して、麹が入った土になります。

それを塗った壁にも、当然、麹が生きていて、乳酸菌だらけの環境になるのだそうです。

それで、イーストを使わずに、麹菌で発酵させるパンができるのです。

はせくら　プロバイオティクスとプレバイオティクス、土壌菌と乳酸菌のミクスチャーで、より強くできるんですね。

土付きのお野菜を洗っているときにも、私たちはその土壌菌も一緒に取っていますよね。

菌という、今まで力がないと思っていた弱きものが、実はものすごくパワフルだったんだという、ひっくり返しが起こっていると思うのです。

その中の一つの、とても有力でたくましい子が、麹ちゃんなのですね。

私は30年間、ずっと麹と仲良しで、お砂糖を使わない生活をしています。

保江　麹の甘みでいいということですね。

はせくら　はい。麹種を作っておいて、砂糖替わりにしたり。

そのまま冷凍で保存すると、美味しいアイスクリーム替わりにもなります。

醤油に麹を入れて、醤油麹、塩に麹を入れて塩麹、トマトに麹を合わせてトマト麹、生姜に合わせて生姜麹というように、この30年間、ずっとやってきたのです。

麹に話しかけると、麹菌がとても元気になります。

また、ずっと麹菌を使った豆乳ヨーグルトを作っているのですが、雑菌や湿度のせいで、たまにカビることもあります。でも、基本的には、ちょっとやそっとの雑菌があっても、麹菌のほうが強いので勝ってしまいますね。

目に見えないくらい小さいけれども、すごくパワフルなんです。

麹を取り入れることによって、人はどんどん元気になっていきます。

日本人は、その見えない子たちが元気になると、生体も元気になるということを、体感的にわかっているのだと思います。

保江　絶対に、日本の「ファクターX」は麹ですね。

はせくら　私は、「ファクターX」はもう一つあると思うんです。
一つ目が食べ物だとしたら、二つ目は生活様式の中にあるのではないでしょうか。

世界の皆さんもおっしゃるように、日本人は生活の中で他人との肌の接触が少なく、きれい好きで、だいたいは毎日、お風呂に入ります。

そして、さらにその奥にある考え方そのものが、私たちの生活様式に大きく関与していることに気づきました。

そこを意識していくことで、西洋からきた物質文明に対して、これからの日本がこうした精神的な文明のあり方の根本を、今度は逆に伝えていくという役割を担っていけると思っています。

具体的に説明しますが、なぜ私たちはきれい好きなのだと思いますか？

保江　汚れていると思っているからでしょうか。

はせくら　まさしく、そうなんです。汚い、汚れていると思っている。

では、なぜ汚れるとダメなのでしょう？

汚れ、いい方を代えるとケガレ（穢れ）になりますが、汚《けが》れとは、木が枯れていって生命力が失われることです。

日本書紀や古事記を序文から見ていくと、「はじめに民ありき」ではなくて、「はじめに大宇宙ありき、大自然ありき」なのです。

大自然、大宇宙から、神という存在が生まれたのです。

野の神・風の神というように、様々な自然物も、神と呼ばれるようになりました。

そして、その自然物中の一つとして、人という神もまた、生まれました。

元一つという観念です。

つまり、神様というのは、遠いところにいる人間以外の存在ではなくて、遠いご先祖様なのです。

この神という尊いご先祖様は、常に汚れのない、清浄な世界におられます。

古事記の中では「高天原」、日本書紀の中では「清陽」と呼ぶ場所でもあります。この神様の心に寄り添いながら生きることを、古来から大切にしてきたのです。

もちろん、神様の遠い子孫である私たちも、神の一部です。

ですから、神である尊い自分が住まう場所に、汚れた靴を履いたまま上がってはダメなのです。

つまり、家は、神殿でもあるという考えです。

保江　それで、室内では土足禁止なのですね。

はせくら　自分と身の周りにある、気が枯れたもの（気枯れる＝ケガレ）を祓い浄めることで、常に清々しい状態を保ち、神の心と一体になって暮らしましょう、というのが、この国が伝統的に培ってきた考え方、感じ方だったんです。

そして、そこから生まれた生活様式が、今回のコロナ騒動に対しても、海外よりは感染者数が抑えられている一因になるのではないでしょうか。

保江　確かに、本にも書かれていましたね。

日本だけが、靴を脱いで家に上がる文化ですものね。

はせくら　靴裏に、コロちゃんがくっついてきますからね。靴を脱がなければ、室内で遊びまわってしまいます。

保江　そういう生活が当たり前のように思っていましたが、神殿だから靴を脱いで上がるんですね。

はせくら　はい。家は神殿なのですから、汚いものをきれいにするというよりも、きれいなものをさらに磨き上げるという考え方になりますね。

だから、常に、きれいにしておこうと思うわけです。あまりに当たり前すぎて、日本人は認識していないでしょうけれども。

あとは、お風呂も、手軽にできる禊ぎ祓いです。

私たちに伝統的に培われたこの考え方、感じ方、生活様式そのものが、今回のコロナに対しても有効でした。

なぜ私たちは、きれいでいることを好むのか、なぜ土足でお家に上がらないのか、お風呂で身を清めたいと思うのかというと、その奥には、常に神様と一緒にいるという概念があるからなのですね。

私たちが、神羅万象と同じところから生まれたのであれば、全てが元一つとなっているということが再認識され、コロナがきっかけとなって、私たち自身の霊性があらためて目覚めていく、そんな流れになるのではないかなと思っています。

保江　このタイミングで地球にやってきた新型コロナウイルスの役割は、まさにそのとおりです。

日本人が培ってきた生活様式、食生活、これらが大事なんだよと気づかせてくれるために現れたとしか、今のところ思えないです。

21世紀の地球大のルネサンス

はせくら　そうですね。

一昨年、フィレンツェへと居を移したとき、心の中で、

「なんでそこに行くんですか?」と問いかけたら、

「次は、地球大のルネサンスが始まるから」といわれたんです。

どういう意味なんだろうと思いつつ、現地では毎日のようにルネサンス期の教会に行って瞑想していました。

そこでだんだんわかってきたのは、ルネサンスが始まるまでの中世の暗黒時代は、神と人とがくっきりと分かれていた、ということです。

例えば、中世の絵画では、人間がただの記号と化していて、全く、人間らしさを感じないのです。表情も無表情で、動きも単調です。

それが、ルネサンスを経ることによって、突如、人間らしい、生き生きした姿態と表情が生まれてきました。

その流れを見たとき、ルネサンスというのはただの文芸復興だけではなく、人間が人間らしく生きることへの復興運動でもあったのだ、と思いました。

さて、この21世紀の地球大のルネサンスとはどういうことかというと、霊性の復興運動(ムーブメント)が始まっていく、ということのようです。

つまり、肉体意識が我の中心と思う感覚から、霊体（いのち）を我の主体として、霊主体従となっていくパラダイムの変容です。

この、霊としての自分、これを大和言葉では、「霊《ひ》」というのですが、日本は、そのもとを表す国、「霊（ひ）の本」でもあります。

今まで主流だった財力・権力・暴力の「力の原理」から、愛・互恵・調和の「愛の原理」へと、生きる中心の軸が変わっていくのです。

これが今、個人から社会、世界レベルで連鎖して起こっているのだと思います。

この大きな価値観の転換期に、ウイルスという半生物の意識体が、伝道者としてやってきているのかもしれません。

保江　今、いみじくもおっしゃった、財力というのは一番悪い面です。

そのことに、今日気づいたんですね。

実は、今日、ＮＨＫＢＳで、新型コロナウイルスに対する科学の役割はなんなのかという番組を放映していて、三、四人の学者が議論していました。
そこに、若い経済社会学者が出てきて、いろいろと発言していたのです。
例えば、新型コロナウイルスを早く終息させようと思ったら、科学的見地から、みんなステイホームするべきだと。
でも、それだけでは経済が回らないから、通常の社会生活もするのが自然だなどと主張する中で、経済について、「財を経営する」と発言しました。

はせくら　経世済民ではなくて？

保江　経済学者のくせに、「財を経営する」といったんですよ。

はせくら　あれ？「ざい」の字が違いますね（笑）。

保江　そう、字も違いますし、意味が違う。
「世《よ》を経《おさ》め、民《たみ》を済《すく》う」の意味を持つ経世済民がもともとの「経済」の由来のはずなのに、いつから「財を経営する」になったのでしょう。

しかも専門家が、ＮＨＫでそう発言したわけです。

要するに、ＮＨＫは新型コロナだけでなく、なについても資本主義を捻じ曲げて、財力、暴力、戦争のほうを正当化するように考える程度の人間しか、引っ張り出してこないのですよ。

もう、情けなくてね。今の資本主義社会の経済というものを、表しているかのようにも思えました。

はせくらさんが、暴力と財力、権力をまとめていらっしゃるのは、我が意を得たりです。


はせくら　歴史的にも、暴力では直接的すぎるので、代わりに財力がそれにとって代わる形として、支配の道具になっていったようです。

もっというと、戦場は市場に変わり、活動の形態は、軍隊から企業へと変化しました。

そして、それが我欲を原動力とする資本主義経済の仕組みです。

けれども、最終的には、本当の資本は人そのもので、かつ、人間力とでもいうのでしょうか。身口意がそろった、人間として尊敬できる人が、より重要な「資本」として認知されていく時代になると思います。

特に、今のような変換期に、自分さえよければという人は、みんな離れてしまうでしょう。また、ここぞというときに助けたくなる人、あるいは、自分がピンチとなったときに、もし誰かが助けてくれるとしたら、おそらく、人として良くなければ、そもそも助け舟などこないと思うのです。

なので、最終的には人間力が決め手になるんじゃないかなぁと。

いつの日か、資本主義ではなく、尊厳主義になって、人も暮らしも栄えていけたらいいのになと思います。

保江　いいですね、尊厳主義。名前がいいです。

はせくら　ありがとうございます。

「おとひめカード」の七つのキーワード

　ここに、私が作成した「おとひめカード」があります。

　これは、かな五十音が持っている、それぞれの語感とイメージを、アートと言葉によって表した日本語再発見ツールです。

　言葉というのは、その中に文化や歴史、習俗、そして精神性が内包されているものなのですが、このカードを創りながら、古代の日本人がどのような精神性を持って暮らしていたのかが見えてきたのです。

　それは、短い日本語（大和言葉）からなる、七つの言葉なのですが、シェアしてもよろしいでしょうか？

保江　もちろん。ぜひお話しください。

はせくら　まず一つ目は、「わ」。調和の「わ」です。

今まで、和というのは、調和とか和《なご》やかとか、そういうほわんとしたイメージでしたが、あるときに、それだけではないと気づいたのです。

つまり、異質なものと向かい合っても、いかに調和的に収めるかという、動的で積極果敢な力を、「わ」と呼んでいたことがわかりました。

いってみれば、対象間の均衡を図ろうと邁進する態度です。この気質が強くはぐくまれていったのが、私たち日本人だったのです。

だから、「和の国」と呼ばれるのだと思います。

「わ」の概念を一言で表すと、調和という意味になります。実はその対となる音が「あ」で、愛を意味します。……と考えると、愛の具現化した姿を、調和と呼ぶ、ということになるんです。

また、古代において、自分は「吾（あ）」、相手を「我（わ）」と呼んでいたのですが、この呼び名から考えると、いにしえの人たちの人間観が垣間見えるのですね。

つまり、人と見たら敵と思えではなく、調和と思え、といった意識のあり方です。もしそうでない場合は、「わ」へと至るよう、様々な努力をしたことでしょう。

その子孫であることに、誇りと自覚を持ちたいと思ったのです。

二つ目は、「ひと」。

「人」というのは、「霊《ひ》が留《とど》まる」という意味です。

「ひ」はいのちや本源という意味です。この本源から分け出た、尊きいのちが留まっている存在、それが私たちであるということです。

「ひ」の本の国に生まれた私たちは、その「ひ」を留め、輝かせながら、霊統（ひと）として、霊性進化し、モデルとなる役割を背負っていると思います。

三つ目は、「まこと」。

言が成ると書いて、誠と呼び、口が虚しいと書いて、嘘と書きます。

このように、「まこと」とは、嘘偽りなく、正直・誠実なあり方が、「真言《まこと》」となり、それがやがて「真事《まこと》」へと転じ、現象化することを、古代の人たちは体感的に知っていたのだと思います。

ちなみに、かつての日本人にとって、最も恥ずべきことは、嘘をつくという行為だったようです。今の時代は、薄れてしまってはいますが、あらためて、「まこと」を生き、貫くことの大切さを思いますし、これからの時代は、そんな人こそ、人からより多く慕われ、信頼され、成功を手にしていくものと思います。
いつもお天道様にみまもられている、だからこそ、そこに恥じないように誠で生きよう、という感性が、より大切になってくるように思うのです。

はせくら　四つ目は、「みなか」。
御中《みなか》の思想ですね。天之御中主《あめのみなかぬし》の御中でもあり、宛名にも付けたりしますね。

保江　ああ、御中《おんちゅう》ですね、本当だ。今、初めて気づきました。

はせくら　みなかとは、ど真ん中という意味なのですが、天之御中主でいうと、宇宙の中心の主ということであり、そこから枝分かれして、そのまた枝分かれした先の子孫として、今の自分がいる、という感性を、古代人たちは抱いていたようなのです。
つまり、根源を共有している、という意識かな。

この「みなか」から生まれたものは、自然も人も現象も、あらゆる全てを含むので、となると、全ては皆、繋がりの中にあるので、たとえ姿かたちは違っても、本質的には一つのものであることを、深いところで知っているのだと思います。

この「みなか」の意識を、再認識できたらと思うのです。

五つ目は、「かみ」。

「か」は見えない尊い世界、「み」は見える実体を指す言葉（言霊）です。なので、見えないものが見えるものになる、まるでエネルギーと物質のような関係を示しているのが、「かみ」という言葉でもあるのです。

ですから、もちろん神様の「かみ」と捉えることもできるけれども、森羅万象の奥にある活動力でもあるのが、「かみ」の概念です。

この、ありがたき奇しき働きの表れとして、私やあなた、鳥や花といった実在も生まれています。もっというと、それぞれのかたちの中に、すでに、「かみ」のエネルギーが宿っているということでもあるんですね。そう考えると、なんだか力が湧いてくるんです。

六つ目のキーワードですが、「もの」。

いにしえの人たちは、心も物質も、同じ言葉で表していたんです。それが、「もの」です。

例えば、「ものごころ」や「もの思う」は心のありようのことですし、「物」は、そのまま、かたちある物質を指します。

つまり、モノと心は本質的に一緒であるということを知っていたのではないかと思うのです。モノ（形態）の中には、心（形質）が宿り、心のありようがかたちを創っているんだという世界観です。

唯物論でもなく、唯心論でもない世界。この、物心一元として捉えながら、日々を創造していったら、本当に生きるステージが変わると思います。


最後の七つ目は、「いま」。

この中にある「ま」とは、空間と時間、両方を指す大和言葉です。

例えば、つかの間とかのマは時間ですし、居間のマは空間のことです。

古代人は、その鋭い感性で、時間と空間の関係性を直覚していたのではないかと思えてならないんですね。

そして「い」とは、光とか生命力という意味を含んでいるのですが、この生き生きとした力が集約されている時間・空間の中心点が、「いま」だったんです。

保江先生もよくご存じのとおり、神道ではそれを「中今《なかいま》」と呼んでいます。なので、この「いま」という瞬間に意識を置くことで、現れる質を変えられるということを、知っていたのではないかと感じています。

これらが、私なりにまとめた、いにしえの日本人から受け継がれた精神性のキーワードです。

保江　よくまとめられましたね。なるほどです。

はせくら　ありがとうございます。昔から調べ物をしたり、考察するのが大好きだったのですが、それを確かめ、より広げていく手段の一つに、直観を通して、内なる叡智とお話していたんですね。

はせくら　内なる叡智との対話は、とても役立っています。たとえ表面の私自身がわからなくても、イメージやビジョン、言葉などを通して、新しい概念や知識に触れることができるからです。

その新しい概念を、起きている間に検証しようとするのですが、特に科学的なことになると、わからない概念もたくさん出てきます。なんとか頑張ってみるのですが、私は素人なのでやはり難解です。

いつの日か、科学者の方と深くお話しして、間違いなどを正してほしいと願っていました。なので、本日はとても嬉しいんですね。

保江　それはよかったです。

先ほどのキーワードですが、実はそのまま僕の研究分野である『素領域理論』に繋がっています。

先ほどの『弱い人間原理』も含めて、『人間原理』が成り立つのを説明できる物理的な世界モデルというのは、『素領域理論』しかないのです。

『素領域理論』があれば、量子論がなぜ成り立つのかもわかります。

今、まさに、はせくらさんの頭の中にある構造は、『素領域理論』です。

はせくら　そうだったのですね、びっくり。

そういえば、内なる叡智との対話の中で、これ以上、私たち自身の中にある神聖なる自己――インナーセルフに気づくこともなく、このまま我欲中心の物質文明を推し進めてしまうと、もっと強力な感染症が蔓延してしまう可能性もある、そんなタイムラインも見せてもらったことがあります。

保江　やはり。見えましたか。

はせくら　ええ。ただし、現実は並行多世界でもあるので、別に、そこだけにフォーカスする必要もないとは思っています。

それこそ、『弱い人間原理』で、そこにエネルギーを注ぎ続けることがなければ、現象化もしづらいということになるのだと思います。

ウイルスに関していえば、今、なぜ世界で、次々と新種のウイルスが見つかるのかを調べた中で、ハッとしたことが二つあったんですね

一つは、永久凍土が解けてきているということ。

永久凍土で動きを封じられていたウイルスが、氷が解けて出てきているようなのです。

もう一つは、ジャングルの樹木伐採によって、それまではそこにだけあったウイルスが、森以外にも広がり、人間のいるフィールドにやってきたという説です。


いずれにしても、現在起こっていることは、旧パラダイムから新パラダイムへの移行、それが起こっているのだと捉えています。

ちなみに、ドイツで活躍した思想家――ルドルフ・シュタイナーは、「20世紀以後に、カリ・ユガの終焉がみられるようになる」といっているんですね。

カリ・ユガとは、インド哲学でいわれる悪徳の時代とも呼ばれ、日本でいう、末法の世と近い概念です。

シュタイナーは、正法《しょうほう》が、四分の一しかない時代だともいっていましたが、この正法の時代が、いよいよ極まっている今は、まさに大きな転換期だと思います。

ところで、保江先生は、ヌースフィアという言葉をご存じでしょうか？

保江　ヌースフィア……？　知らないです。

はせくら　造語なのですが、ウラジーミル・ヴェルナツキーと、テイヤール・ド・シャルダンという人が広めた、人間の思考の領域を表す言葉です。

ヴェルナツキーは、ソ連の地球化学者で、シャルダンはフランスの古生物学者でした。

ヌースは、ギリシャ語の精神や思考という意味なのですが、そこに、例えば、バイオスフィア、すなわち生物圏などの圏（スフィア）を合わせて、ヌースフィア。

精神圏という意味ですね。

私たちが住む生物圏、バイオスフィアのさらなる高次な場所、時空として、ヌースフィアという精神圏ができていくという説明がされています。

保江　その人たちは、ちょっと前に活躍されていましたよね。

はせくら　はい。20世紀の半ばくらいまで活動された方々です。

ヌースフィアは、いきなり見えない世界に行くというわけではなく、高次の意識を伴いながら、物質世界を造っていくという理論ですが、まさに、その世界が始まろうとしているんだなと感じています。

そのプロセスに、ワクワクしています。

パート2　嬉しい奇跡しか起こらない世界

（対談第1回後半）

はせくら　私には三人の子どもがいるのですが、子どもたちが小さい頃、彼らを寝かしつけながら、いつもしていたお祈りの言葉があるんです。どんな言葉かというと……、

「宇宙を導く光と熱よ、どうぞ私たちをお護りください。

天の御心に沿って、この子の魂が望むように、わたくしをお導きください」

今、思い返してみると、やはりこのお祈りの言葉が成就している気がします。子どもたちは皆、ちゃんと、個性的でユニークな人たちになっています（笑）。

保江　僕も白状すると、実は、誰にもいっていないことがあるのです。

大学生ぐらいまでずっと、毎晩、寝るときにあることを発声していました。

ものごころついた頃から、なぜかやっていました。

第三者的に聞くと、「アホな」と思うんですが、なぜか毎晩、それを唱えないと眠れませんでした。

それが……笑っちゃダメですよ。

「河童《かっぱ》大明神様、河童大明神様、河童大明神様、どうかよろしくお願いします、河童大明神様」

これだけなんです。

はせくら　とっても、可愛いんですけど（笑）。

保江　なんで河童なのかは、僕にもわかっていないのですけれども。

寝る前だけでなく、ちょっと不安なときにも唱えていました。

誰に教わった記憶もないのですが、とにかく「河童大明神様〜」って。

はせくら　あ！　わかりました。河童大明神が誰なのか。

その方は、シャンバラ（『時輪タントラ』に説かれる伝説上の王国）にいる、カッパドという名の聖者様です。今、内なる叡智より閃かされました。

保江　びっくりだ。でも、なんで僕に降りたんでしょう？

はせくら　保江先生は、この次元でも、幼い頃より多次元意識を保持したままここ（地球）に転生しているので、そのままストレートに今の地球の周波数と同調することは、けっこう大変らしいのです。

なので、その調整係として、同じ地球でも、別次元に存在する意識の王国——シャンバラの周波数を重ね合わせて、今の地球の周波数と同期させるのだそうです。

その役割を担っている導師のお名前が、カッパド大師と呼ばれている方みたいですよ。

保江　だから、必死ですがっていたんだ。今日からまた、唱え始めようかな。

はせくら　いきなり、ここでシャンバラの名が出てくるとは、想定外です。

保江　本当に今の今まで、なんで子どもの頃にやっていたのか知らなかった。

はせくら　やめようと思ってやめたんですか。

保江　いいえ、ある時期からもういらなくなったんです。明日のことを心配しなくてもよくなったので。

それまでは、今日については後悔がいっぱい、明日については不安でいっぱいでした。

だから、寝るときになにかにすがりたい。でも、僕には母親はいなかった。

だから、これしかなかったのです。

はせくら　そのお祈りを唱えるたびに、地球の中にある、神聖なる意識のグリッドに、カチッとはまっていくんですよ。すると、時空間が調えられ、結果、心魂体のレベルも整えられていくようなのです。

それを唱え終わった後、無性にホッとしませんでしたか？

保江　ホッとした。だから眠れるわけです。

はせくら　なるほど。この言葉は先生にとって、完全調和の場へと戻っていくマントラだったのですね。
もちろんそのときに、宇宙次元やシャンバラとも繋がりますし、何より、ケガレが祓われた状態になるので、よく眠れるようになるのかもしれません。

保江　ものすごく腑に落ちます。
その後、大学院に行ったのですが、なぜか今でも、年に数回はやってますね。
子どもの頃も、ちゃんと声に出して唱えていました。一緒に暮らしていた祖母や親父に聞かれるとまずいので、一人で寝ているときにしか唱えませんでしたが。
たまたま祖母が一緒にいるようなときは、小さい声で唱えていました。

はせくら　面白いですね。

保江　初めてです。こんな恥ずかしい話をしたのは。

はせくら　ありがたいです。時空の拡がりと有機的な繋がりを感じて、嬉しくなります。
私たちは皆、なんらかのサポートを受けている存在で、決して孤軍奮闘しているわけではないという想いがさらに強くなりました。

保江　別の本にも書いていますが、今思うと、僕は成績が本当に悪かったのです。

高校入試、大学入試、大学院入試、大学院から外国に行くとき、成績はいつもビリだったのです。

担任の先生方にはいつも、絶対こいつは受からないと思われていたのに、それが全部受かってきました。

つまり、とても運がいいのですけれども、実は試験の前の晩、

「河童大明神、明日の試験に合格させてください」とお願いしていたわけです。

もう必死で、このときだけは、何十回と唱えました。

大学院の入試のときは、

「河童大明神様、明日の京都大学大学院入試、受かりますように」って、真剣に願ったのです。

はせくら　それで、時空が差し替えられ、素領域が変わってしまったわけですね。

保江　結果としてね。だから、受かった世界になっちゃいました。

嬉しい奇跡しか起こらない世界

はせくら　先生は大腸がんから生還されましたが、それもそういうことだったのでしょう。私の場合は脳卒中でしたが、結局、脳卒中になっていない世界に移行したんです。

そういう、時空差し替えで変わってしまった話は、私の周りではよくあるのですね。

私の友人もがんのステージ4で、いよいよ息をするのも苦しくなったので、仕方なく抗がん剤治療を受けることにしたそうです。

けれども、一般に知られている抗がん剤は、副作用もひどいといわれているので、ちょっと心配だったようですが、いざ、抗がん剤の点滴を見た瞬間、これは聖徳太子と空海のエッセンスが入っているに違いない、と決めることにしたんですって。

すると、一切の副作用もなく、どんどん元気になった彼女は、退院して三日後にうちに遊びにきてくれもしました。

今もとても元気で、はつらつとしています。

保江　まさに、『弱い人間原理』だ。

はせくら　彼女の実体験は、とても説得力があります。

とはいえ、体調が悪くなるときもあるそうで、そのときは、やはり弱気になってしまうこともあるそうです。けれども、気持ちのベクトルを変えて、

「この世界は奇跡に満ちていて、自分は奇跡の中を、今、生きて現しているんだ」と決めるんですって。

すると、だんだん空間が明るく輝いてきて、しまいには空間全部が奇跡というエネルギーに覆われてしまうのだそうです。それに伴い、いつのまにか体が元気になっていることに気

がつくといっていました。

彼女は、もちろん食事療法など、様々なことも併用しているのですが、一番効果が高いのは、「私の世界は、嬉しい奇跡しか起こらない」と決めていくことだといっていました。

保江　そうなんです。決めなくてはいけない。
『素領域理論』の話をしますが、決めると空間が変容するんです。決めるのと努力は違います。

実は、先日、出版のために超能力者と対談しました（＊『マジカルヒプノティスト スプーンはなぜ曲がるのか？』〈明窓出版〉として既刊）。

超能力者という呼び方をご本人は嫌うのですが、でも、紛《まご》うことなき超能力なんですよ。

六甲でマジックカフェ「バーディー」というお店を開かれているバーディーさんという人で、一応、マジシャンとして、マジックを披露しておられます。

でも、僕からすれば、どう見ても超能力を使っているわけです。

ただ、超能力といってしまうと、いろいろと軋轢《あつれき》があるらしく、表面上は、マジックみたいなものとしてうやむやにしているそうです。

スプーン曲げには、たいてい100円ショップで売られているようなスプーンが使われます。誰でも、力を込めれば曲げられるような強度のものです。

物理学者としては、「絶対に人力では曲げられないような硬さのスプーンでも曲がるのかな？」と、常日頃思っていたわけです。

そこで、バーディーさんに聞いてみたところ、イケアで販売されている、スウェーデン製のごついスプーンを出してくれました。

スウェーデン鋼というのは、大砲の砲身に使われるくらい硬いんですが、そのスプーンも、柄の部分がとても厚くて硬く、僕が曲げようとしても、ほんのちょっと反《そ》らせることさえできない。

それをバーディーさんが左手で持って、右手を浮かせた状態でパワーを入れると、みるみる曲がっていきました。

ちなみに、工具などを使ってテコの原理で無理矢理曲げますと、クラックや、波のようなラインが入ります。

ところが、彼が曲げたスプーンの表面はきれいなままで、どこにもそうした割れなどがなかったのです。

他にも、僕の東京の道場に通ってきている合気道の古い門人の友人で、自閉症で部屋に閉じこもっている男性がいます。

彼も、スプーン曲げができるんですね。スプーンを少しさわったら、すぐ曲がるのです。

以前、彼の家に仲間と遊びに行ったとき、

「目をつぶっていてもできるのか、やってみよう」という話になり、初めて目隠しをして、試してもらったそうです。

はたして、友達がスプーンを持たせたら、ちょっとさわっただけで曲がりました。

次に、玉杓子《たまじゃくし》を持たせたら、やっぱり曲がる。

「じゃあ、これもこれも」とどんどん曲げていき、そのうち誰かが、そのへんにあった普通の鉛筆を持たせました。

すると、木の鉛筆がぐにゃっと曲がったわけです。

周りの人は、みんなびっくりしてしまい、

「気持ち悪い。折れるならまだわかるけれども、ぐにゃっと曲がるなんて」と口々にいい合いました。

「不気味だねえ」とかいっていたら、本人が、

「なにが曲がったの？」と目隠しを取ったのです。

すると、鉛筆がバンッと、木っ端みじんに割れたのです。

つまり、「鉛筆がこんな曲がり方をするなんておかしい」と、彼が常識的な認識を持った瞬間に、鉛筆はその曲がったかたちを維持できなくなったのですね。

これは唯一、『素領域理論』でなら説明できますが、古い物理学の枠組みではありえません。

鉛筆の木の原子も、芯の炭素の原子も、曲がる状態でいられるような安定構造ではないからです。割れるか、砕けるかが通常です。

それなのに、一時的にしろ、ぐにゃっと曲がっていました。

量子力学を持ち出したところで、この説明は無理なのです。

けれども、『素領域理論』では全ての素粒子が乗っている座布団のような素領域というのがあるので、その座布団を曲げてしまえば、空間の元が曲がってしまうからありえるのです。

本当は、鉛筆の炭素原子はまっすぐ並んでいるはずなのに、空間がそこだけ曲がっているから、曲がって見えていたということです。

ただ、我々人間の『弱い人間原理』で、素領域の分布を永久に変えることはできません。一時的には変えられますが、意識が正常になった途端に、素領域の分布が元に戻ってしまいます。

座布団の上に乗っていた炭素原子が戻れずに取り残されてしまい、結局、砕けてしまったというのが僕なりの解説です。

そのエピソードを、バーディーさんの店でお話ししたら、彼が、

「僕はやったことないけれど、せっかくだからやってみましょうか」といってくれました。

「鉛筆がないから、割り箸でいいですか」とおっしゃるので、

「木ならなんでもいいです」と、まっすぐな割り箸を二本に割って、一本を渡しました。

すると、彼は、

「トリックじゃないかと思われるから、持たないでやりますね」といって、テーブルに置

き、割り箸の一部分をさすり始めました。

そうしたらこれが、だんだんと曲がっていくんです。

見ていて気持ち悪かった。だって、割り箸ですよ。竹ひごみたいな細い木じゃなくて。

撫でているだけで曲がり始めて、ついには、がくっと曲がりました。

撫でるのをやめて一息ついたときに、僕が、「気持ち悪いな。これはおかしい」と思った瞬間、やっぱりスパンと割れました。

常識的な認識が、そうさせたのでしょうね。

バーディーさんは、

「これは、いつもより疲れるわ」とおっしゃっていました。

はせくら　すごくエネルギーを使うんですよね。私もかつてやっていた時期があります。

保江　スプーン曲げですか？

はせくら　はい。思考のエネルギーを統一し、集中させたいときのツールとしてやっていたんです。

やり方としては、スプーンの端にかすかに触れながら、話しかけるんです。

特に、その物体を構成している素粒子たちに向かって、意識を送ります。

「あなたは、別にこの中だけで、活動している必要はないのよ。もっと自由に飛び回ってみてもいいよ?」という念をしばらく送るのですね。

すると、次第に柄の部分が柔らかくなってきて、金属が金属であることを忘れたみたいな感じになるんです。

保江　バーディーさんも、まさに同じことをいっていました。
たまたまそれを見ていたスタッフの子たちが、必死で自分でもやろうとしたんですが、当然、できないんですよね。

はせくら　やるぞと意気込んだら、まず、できないですよね。

保江　そう。そのときにバーディーさんが、いみじくも同じことをおっしゃったのです。

「君らにはできないよ」と。

「なぜなら、やろうと努力しているだろう？　俺は努力なんかしていない。とにかく、この店の中ではこういうことができる。そうなっているんだ」と。

はせくら　決めているんですよね。

保江　そう、決めているんです。

時空を超えたネパールでの体験

はせくら　私も、その「決める」ということを、応用で使うことがあります。

特に、海外で、ちょっとしたピンチとなったときは、やっているかなぁ。

例えば、かつてネパールに行ったとき、ヒマラヤのトレッキングツアーがあったんですね。

ただ、そのとき、私はよく調べていなくて、ウォーキングシューズとジャケットといういたちだったんです。他の人は皆、登山の格好で……。

あー、しまった！　と思ったのですが、時すでに遅し。どうしようと焦りつつ、山を眺めていたら、私の脇を、現地の人が通ったんです。彼女たちは、背中に籠を背負いながら、薄いサリー一枚のいでたちで、下は素足にサンダル履きだったんです。

その姿を見たときに、あ、そうかと閃いたんです。

私がこの場所（ヒマラヤ）にいるということは、きっと過去生やパラレル生においてもいたことがあると思うので、そのときの意識と一つになって、歩いてみようと思いました。

そうして軽く瞑想して目を開けた途端、目の前の山が、なぜか丘に見えたのです。

丘程度なら楽勝だと思い、スタスタ登っていったら、いつのまにかツアーの誰よりも早く、目的地に到着していたので、自分でも驚きました。

下りの道の途中で、「いったいなにが起こったんだろう。私って、すご～い」と思い、調子に乗った途端、目の前に大きな水牛が現れたので、悲鳴を上げました。

すると、いつもの私に戻ってしまったんです。

それで即、傲慢を反省し、元の時空に戻ると決め、気持ちを切り替えたんですね。
すると、水牛は通り過ぎて、また足取りも軽く下山できたのでした。

保江　登っているはせくらさんを、誰も見ていなかったのですか？

はせくら　いや、普通に見えていたと思いますけれど、どうだったんだろう？

保江　自分でそう決めるときに、なにかポイントがあるのですか？

はせくら　ポイントは、ただ山の上に行きたいと思った、ただそれだけです。
「だって行きたいんだもん」という、子どもみたいな感覚です。

保江　子どもみたいに……、ですか。

はせくら　そうですね。できなかったらどうしようとか、それはちょっと……というのも全く考えていない、無邪気な感覚かもしれません。

そういえば、ネパールではもう一つ面白い体験をしたんです。

一人で散策していたときに、チベット寺院に入っていったんですね。するとその中では、数十人の僧侶が、音のなる法具とともにお経を唱えていました。そのお経を聴いた途端、魂が揺さぶられる感覚がして、「あれ？　これ知っている」という気がしてたまらなくなったんです。

それで、いつのまにか一緒にお経を唱えていました。

一連の儀式が終わったので外に出ると、近くにいたおばあさんが、私を見るやいなや、拝む動作を始められたのです。

「え、どうしちゃったの？」と思った途端に、いつもの自分になりました。そのときに、目が合ったおばあさんの、ギョッとした姿を今も忘れることはできません。

その後、私は茫然自失となりながら、宿に戻ったことを覚えています。

保江　おばあさんには、ちゃんと見えていたんですね。

はせくら　途中まではそうだったのかも。実に奇妙な体験でした。
やはり、決めるということが大切。しかも、無邪気に決めることですね。

保江　まさに、『人間原理』です。『人間原理』の基本は、無邪気。

はせくら　1％でも不安があってはダメです。完全に0％でないと。無・邪気ですから。

保江　それが、難しいんですよ。河童大明神様になるかな。

はせくら　あ、それ素敵。カッパド大師と一体化したらいいですね。
カッパド大師は、どうやらエミール大師のお友達、というかお仲間のようですね。

保江　エミール大師は、ヒマラヤ聖者の本（＊『時間と空間、物質を超える生き方　エミール大師と深く繋がる日本のヒマラヤ聖者がすべてを語る』成瀬雅春〈ヒカルランド〉に出てきますね。

そうだ、子どもの頃の話を、今、さらに鮮明に思い出しました。

セリフがちょっと違っていて、「河童大明神様、いやさかみさま」と唱えていました。

はせくら　弥栄《いやさか》なる神様、日の本の神様たちですね。

それで、シャンバラだけではなく、日本神界の神様たちも応援してくださった、ということだったんですね。なんだか嬉しいなぁ。

保江　最初に唱えた覚えがあるのは幼稚園の頃だから、弥栄なんて知らなかったはずです。

河童大明神の河童は幼稚園児でも知っていますけれどね。大明神というのも、まあ出てくるかな。でも、弥栄は出てこないでしょう。

はせくら　弥栄はなかなか出ないですよ。いやさかみさま？

保江　はい。とにかく早口で、「河童大明神様、いやさかみさま」と唱えていました。

とにかく入試は、これで全てクリアしました。

おかげさまで、今日初めて、本当の意味に気づくことができました。

サイババからの使者

はせくら　私も、瞑想の中で、ヒマラヤ聖者の方々には大変お世話になりました。

いろいろな霊的知識や意識の錬金術などについて、教えてもらったりしていたんです。

実は、私の知識や閃きの源泉のかなりの部分が、そうした目には見えない、けれども確かにある、いるという存在や意識体から、教わったものが大半なんです。

例えば、いかにして、高次の時空とコヒーレント（＊波動が互いに干渉し合う性質を持つこと）させて、その時空と同期させていくかの方法などです。

特に、科学的知識に関しては、シリウスBにいる、私のパラレルセルフから教えてもらうことが多いです。彼は科学者なので、多くの知識と知恵を保有しています。

とはいえ、3次元下にいる私としては、常に疑いも持っていたんです。

眼に見えない存在から教えてもらう、というのは怪しいんじゃないかと。

その中には、深淵な叡智や、私の表面意識ではおよそ考えつかない思考や概念も、多く含まれていたのですが、「『宇宙の常識、地球の非常識』になるのは、絶対、嫌です」と頑《かたく》なに拒否しながら十数年、過ごしていました。

それである日、ふと思い立って、「せっかく地球にいるのだから、できれば、眼に見える次元にいる『人』を通して、霊的智慧を授けてください」と念を送ってみたんですね。

実はそのとき、私は、カフェの窓際でお茶を飲んでいたのですが、ほどなく窓の向こうに見える雲の間から、もわ〜んと、人の顔らしきものが浮かび上がってきたんです。

「えっ？」と思い注意を払うと、当時、人気だったパパイヤ鈴木というタレントによく似た髪型の、インド人風の男の人が現れました（第三の眼で見ていたので、他の人には見えていなかったと思います)。

彼は即、テレパシーで「君の願いを叶えよう」といい、突然、不思議な歌を歌い始めたんです。それは一回だけだったのですが、なぜか覚えてしまったんです。

その二日後に、友人から電話があり、ミャンマーに住むお坊さんが、いま日本にいるから会いに行ってといわれ、わけもわからずにお会いすることになったのです。

お坊様はおっしゃいました。

「お前のことは、ババ様から聞いておった。この前、霊的智慧を授けろとお願いしたのじゃろ、だからわしが教えたる」と。

私は、なにをいっているのかわからず、ポカンと口を開けていたら、

「お前はまだ、疑っているな？　ババ様に会ったときに、この歌を聞かされなかったかい？」といって、カフェで聴いた例の歌の音源を流し始めたのです。

それは、ガヤトリーマントラというヒンズー教のマントラで、歌っているのは、サティア・サイババ。あの雲間に見えた人は、サイババだったことに気がつき、あらためて驚きました。

まるで、ＳＦのような展開に戸惑いつつも、やっと信じる気になった私は、その後、お坊

様から二年間に渡り、霊的智慧に関するいろいろな教えを授けていただいたんですね。

保江 それは、『ドクターストレンジ』（＊マーベルコミックスに登場するヒーロー）のストーリーそっくりですね。

はせくら 例えば、無邪気さ、というテーマを学ぶときは、同時にその対極にある、執着とはなにかということも学ばなくてはいけません。

私の場合は、その象徴が、「家」であったようです。なぜなら、家には、「わたしのもの」と定義する、たくさんのものがそろっていますからね。

嘘みたいな本当の話なのですが、あるとき、家に入ろうとしたその途端、鍵がありえないほどにぐにゃりと曲がってしまい、家に入れなくなってしまったのです。

ちょうどクリスマスイブの日で、子どもたちを連れて、買い物に行った帰りでした。

鍵の110番に電話しても、到着までには3時間以上かかるといわれ、おなかがすいた子どもたちは、泣き始めました。

仕方がなく、袋の中にあったバナナを食べさせながら、

「よし。私はこの間に、執着という世界を絶つ！」と決心して、必死の思いで意識統一とクリーニングをしました。

そして、「あ、できた！」と思った途端に、鍵が元のまっすぐの姿に戻った、という体験もしました。

あの時期は、本当にいろいろなことがありましたね。

そのお坊様だけではなく、やはり目に見えない存在たちからのサポートも多く受けました。

ただ、高次存在から伝えられる波動言語を、地球の言葉に翻訳するには、置き換えられる概念や言葉が見当たらず、戸惑うこともしばしばでした。

けれども、とりあえず変換しなければ表現することができないので、少しでも近似値になれるよう、いろいろと工夫しました。

具体的には、なにか問いを投げかけると、ポン！　と、概念やビジョン、言葉やイメージが、脳裏に映し出されていくのです。

保江　すごい。本当のことがわかるわけですね。
言葉にできなくても、とにかくそれが真実ということですから。

はせくら　そういうことなのかなぁ……。「なぜ、わかるの？」と聞かれても、困ってしまうんですけれど。

まず、先に答えがやってくる。その後、検証して確かめる。その繰り返しなんです。

ただ、それらの学びをとおして知ったことを、そのまま伝えられるかどうかといえば、やはりまだためらいがあります。

思ったことが現実に「なる世界」——ワクワクする時空間に飛び込む！

保江　ここまできたら、どんどん伝えるべきです。
僕が最近、『弱い人間原理』にこだわっているのは、先ほど話したように、人と会ったときに、その人と僕とで一緒にした経験についての記憶が、違っていることに気づいたからです。

最近まで知り得なかった事実を、僕がたまたまなにかの拍子に気づいて、実はこうなんじゃないかな、と推測することがあります。

すると、それが物理学の話でも、社会の話でも、歴史の話でも、知らない人の話でも、どんな話だろうと、僕が一度そう思い込んでしまうと、気がつけば現実にそれが事実になっている、という現象が、このところ頻繁に起きているのです。

それで、ついに『語ることが許されない 封じられた日本史』（ビオ・マガジン）なんて本を出してしまいました。

僕はもともと、歴史に興味がないんです、特に日本史には。

もちろん、江戸時代や幕末のことなんて、一切、知りません。

その僕が、「江戸時代に、徳川家康はこうだった」という逸話が書けたのは、「家康は、幼少の竹千代だったときに、数回中国に行っていた。中国人の偉い人が手下になり、その人が絶えずそばにいて、いろんなことを教えてくれた」と、なぜだか思い込めたからです。

発刊後、愛知県岡崎市の徳川家にゆかりのある地を、その近くに住んでいる知り合いが案内してくれました。

彼は、徳川家康について詳しいのですが、

「家康は、竹千代の頃に三回、中国に行っているんです」というんですよ。

「それは、みんなに知られているんですか？」と聞くと、

「いやいや、他の人は知りません。岡崎でも、ごく限られた人しか知りません」というのです。

僕が思いつきでいったことが、なぜか事実になっていた……。


はせくら　今は、そういう時代です。明らかに、地球が多次元化しているのです。

周波数が変わりつつあって、いうなれば、ちょっとあの世的になっています。

思ったことが現実になる世界になっていきます。

でも、「現実は、そんな都合のいいようにはならないよ」という信念を持っている人は、どんなに頑張ってもそうした世界にはならないんです。

でも、「私が思うとそうなる」と思える人には、どんどん実現していくという世界になりつつあると思います。

保江　2020年には、9冊の本を上梓《じょうし》しました。

なぜ、こんなにたくさんの本を出すことになってきたんだろうと思ったら、本というかたちで世に出すことで、自分が100%の確証を持てるようになるからなんですね。

ただ、講演会で話すとか、人にしゃべるだけでは、本当に、徳川家康が何回も中国に行ったとは思えないわけです。

でも、本に書いて公にした以上、責任があるから、もう著者としてはそれが当たり前、絶対の真実という状況にならざるをえません。

その領域に自分を持っていくことで、100%になるのです。

『封じられた日本史』も、歴史学者が読んだら殴られるくらい、とんでもない内容です。

ただ、それを公に出版してもらうことで、僕の中では100%事実になるので、『弱い人間原理』で、公にもこれが事実になるという確信があります。

それで最近、とにかくより良い世の中にするためには、僕の場合、どんどん本にして出していかなくてはいけないと思っています。

はせくら　「なる世界」にいますからね。

私も時々、時空をサーフィンするんですが、そのときに、「こんな日本は嫌だな」と思うような、例えば、東日本が放射能まみれになって住めなくなっているという日本も存在します。

他に、すでに直下型地震が起こっている東京というのもあります。

潜在的可能性の場として、まるでミラーボールの中から外を見ているような感じで、いろいろなものがそこに広がっているんです。

そして、「さあ、どこに行こうかな。一番、魂がワクワクする時空間に飛び込んでいこう」という選択をします。

「この現実は違うな。心地よくないな」というときには、意識をゼロポイントフィールドに持っていくと、私が見たい宇宙にパッと切り替わります。

保江　それはありがたいですね。

はせくら　時空のサーフィンを楽しんでいます。

パート3　神の存在は物理学で立証されている

（対談第2回前半）

『対称性の自発的破れ』で宇宙は開闢《かいびゃく》された

保江　今回は、『人間原理』が発表された後に、物理学界がどのように変遷していったかなどをお話ししましょう。

最初にこの『人間原理』が主張されたときに、他の物理学者から生じた、一番大きな疑問がありました。

それは、

「この宇宙は、人間が認識して初めて存在するというが、人間というのはこの宇宙の中に存在しているのだから、まずは宇宙がなくては成り立たないのではないか？　それは矛盾ではないのか？」という問いです。

確かに、そのとおりです。

ただ、それは『人間原理』が出る時期が少し早すぎたために生じた疑問だといえるのです。

実は、この宇宙が造られるためには、もう一つ、別の原理が必要でした。

それが、ノーベル賞も受賞された、日本人の理論物理学者、南部陽一郎先生の理論です。

はせくら　『対称性の自発的破れ』ですね。

保江　よくご存じ！　感動しますね。

そうです。南部先生がノーベル賞を獲られた、あの無味乾燥な長い名前の原理です。

一般的には、名前すら知られていないでしょう。

湯川先生がノーベル賞を獲られたときは『中間子理論』、朝永先生のときは『繰り込み理論』で、新聞にもその解説がちゃんと書かれていました。

ところが、南部先生の場合は、『対称性の自発的破れ』。

一般の人は、「なにそれ？」と思いますし、新聞記者も、「ここまでになるともうわからない。記事にするにも解説ができない」となりましたから。

はせくら　では、解説なしになったということですか？

保江　そう。名前を報道するだけですまされてしまったのです。
ですから、その内容については、一般の方はまずご存じないと思います。

はせくら　私はあの理論が出たときに、やっと、神なる存在からの発言とか、大いなる意思が、マックスになって臨界点を超え、『対称性の自発的破れ』を持って広がっていき、この世界にどんどん揺らぎが伝わっていく、その初発の力が表されたと思いました。

保江　さすが。実は、そのとおりです。

この宇宙の森羅万象が、こうした状況になったのも、その『対称性の自発的破れ原理』があるからこそなのです。

もともと、宇宙の前には、完全調和というか、全てが対称的で、狂ったものが何もない完璧な状態がありました。

ところが、『対称性の自発的破れ原理』によると、そうした完璧なものも、いつかは必ず壊れます。『平家物語』でも詠われているように、まさに、諸行無常なわけです。

完璧なものも必ず壊れて、その壊れた部分が、この宇宙として発生したということなのです。

宇宙開闢について説明ができる唯一の原理が、『対称性の自発的破れ』です。

完全対称なものを神とすると、バタフライ効果でいう蝶の初期微動のように、神様が振動した瞬間に、『対称性の自発的破れ』で神の対称性・完全調和が壊れ、そこに宇宙がボンと出てきました。

それが、宇宙開闢になったのです。

はせくら　そこが、本当にワクワクするところです。

とりわけ、なににワクワクするかというと、この完全調和の場から、自発的にという、その自発が素晴らしいと思うのです。

誰かに強要されたこともなく、自らの意思をもって、自ら分けい出ていく。

この能動積極の宇宙の果ての、この星のかけらとして私たちがいる。

つまり私たちの中にも、この『対称性の自発的破れ』という言葉をもって、さらに良き調和をもたらそうとする能動積極の力が、最初から備わっていると思ったのです。

保江　まさに、その直感、霊感といってもいいですが、本当に正しいです。

そうやって、ボンと現れたのです。

イメージ的には、例えばお風呂のバスタブのお湯に石鹸を入れるとします。その石鹸を溶かすとして、それだけではまだ泡ができないですよね。

きれいに溶かして、そこにバンと衝撃を与えるか、あるいは空気を入れ込む。そうするとブクブクと泡ができて、ワーッと増えますね。

それが、この宇宙そのものです。

つまり宇宙は、泡の集まりなのです。

はせくら　私たちは、バブルバスのお風呂に入っている宇宙みたいなものなのですか？

保江　そうです。バブルバスの泡が、我々が宇宙空間だと思っている部分です。

はせくら　では、その泡ではない部分はどうなのでしょうか？

保江　それは、神様の完全調和の場です。

はせくら　なるほど。
では、私たちはその一つの泡の中の宇宙を見ているのですか？

保江　いえ、一つの泡ではなくて、泡の集まりが一つの宇宙となります。

はせくら　宇宙とは、ユニ（単一の）バースではなくて、ダイ（多様な）バースだったのですね？

保江　はい、たくさんあります。
このへんの泡の固まりも一つの宇宙。このへんも一つの宇宙。
あるいは、塊の泡がいくつかあって、これはこの宇宙だけれども、その周りの泡は別の宇宙、というように、ロシアのマトリョーシカ人形のような入れ子構造になっている。

それから、お風呂では全てが立体的な3次元の泡ですね。

ところが、神様の完全調和の場の泡というのは、立体的な3次元の泡だけではなくて、1次元のヒョロ長い線もあれば、2次元でペタッとのっぺりした平面的なものもあれば、3次元の立体的なものもある。

そして、4次元、5次元、6次元の広がりと、たくさんあるのです。

湯川秀樹博士による『素領域理論』のわかりやすい解説

はせくら　ということは、無限次元にまで泡があるということですね。
そしてそれが、超弦《ちょうげん》理論という言葉で説明されるということになるのでしょうか？

保江　もちろん、その言葉を使います。

昔、超弦理論が出るはるか前、1949年にノーベル物理学賞を獲られていた湯川秀樹先生が、晩年に、宇宙空間はこの泡でできているということを、『素領域理論』と称して発表されています。

1次元のスーパーストリング（超ひも）がメンブレン（膜）という2次元の面になり、3次元、4次元、5次元と、ついに27次元ぐらいまでどんどん次元を上げていって、スーパーストリングセオリー、すなわち超弦理論が出てきました。

そして、スティーブン・ホーキングという有名なイギリスの天体物理学者が、晩年、『泡宇宙』についての学説を発表しました。

結局、湯川先生の『素領域理論』と基本的には同じことをおっしゃっていたのですが、発言力のある方でしたから、ホーキング博士の学説のほうが世界では知られているかもしれません。

この宇宙空間は、泡の集まりでできている。

先ほど話したように、1次元や2次元、3次元の泡もあれば、4次元、あるいはそれ以上の次元の泡もある。

ただ、一番多いのは3次元の立体的な泡で、我々はその中の一つの泡から、他の泡にピョンピョンと飛び移るエネルギーが素粒子だと認識しており、我々がそう認識したから、この世界はこうなっているということなのです。

これこそ、『人間原理』ですね。

はせくら　ということは、一つの泡宇宙ともう一つの泡宇宙では、素粒子を通して移動することができるということでよろしいですか？

保江　そうではなくて、泡から泡に移動できるのが、素粒子なのです。

宇宙というのは、この泡の集まりの全体ですから、つまり宇宙の中の泡から泡に、素粒子が飛び移っている、空間の最小単位である泡を超えて電子やクオークが飛び回っている、というのが本当の姿です。

はせくら　なるほどですね。でも、内容が、どんどん難しくなってきていると思いますので、読者を代表して、理解度が深まるような質問ができるよう、頑張りたいと思います。

まず、泡の中に素粒子があって、その素粒子は自由に行き来できるのですね。

保江　はい、泡から泡に飛び移ります。

はせくら　となると、私たちもいうなれば素粒子の塊ですので、この私という中にいる素粒子さんも、この泡から違う泡へと移動しているということですよね？

保江　はい、泡から泡に移動しています。

泡はたくさんあるのですが、一つひとつが小さすぎて、認識できないのですね。

我々が、何も見えないのだから何もないところだと思っているこの宇宙空間は、実は泡だらけなのです。

例えば、僕とはせくらさんが一緒にお風呂に入って、泡がバスタブの外、天井にまで増えていって、バスルームいっぱいに詰まったと思ってください。

僕がここにいて、はせくらさんはそこにいても、僕の体を作っている素粒子は、泡から泡にピュンピュン飛び移るので、そちらの方に近づいていける、そういうイメージです。

はせくら　泡の宅急便みたいな感じでしょうか？

保江　いい表現ですね。

それが、この宇宙空間の中を僕が移動している、本当の姿なのです。

20世紀初頭までの物理学では、泡ではなく、全く何もない広がり、いわゆる空虚な宇宙空間があって、その中を粒々の素粒子が移動し、飛んでいるというイメージでした。

その中で、ニュートンの運動法則とか、今では古くなっている物理学の原理ができ上がりました。

ところが、南部先生の『対称性の自発的破れ原理』で、実際に泡の塊として、まずはこの宇宙ができたというところまでわかりました。

さらに、素粒子という物質の最小構成要素は、一つの泡から他の泡にピョンピョン飛び移っていて、泡の集合体としての宇宙空間の中で運動しています。

ここまではわかりますね。

人間の行動パターンも表せる『不確定性原理』

保江　次に物理学者が知りたいのは、その泡から泡に飛び移っていく素粒子の運動を、どのように理解するのかということです。

それにはやはり、数学が使えます。

どこかの飲み屋街で、酔っ払ったおじさんが一軒目の居酒屋から出てきて、千鳥足で歩いていくときに、「次はこの店にしようかな、いや、こっちのがいいかな」と、行ったり来たりするでしょう？

結局、二軒先の店に入ってまたそこで飲む。いい頃合いで、二軒目を後にして歩き始めて、またどこかのお店に入る。

そういう、酔っ払って千鳥足で、次にどこに行くかわからないけれども、なんとなくいつものパターンであそこに行きそうだ、という動きがありますね。

それをきちんと予測するのに、数学の確率論を使います。

どの確率が高いか、という意味で、泡は、飲み屋やバーと同じなのです。

泡から泡に飛び移っている素粒子は、酔っ払っているおじさんですね。すぐ隣の店に行けばいいのに、隣の隣に入ってしばらくいたり、次は隣に入ったけれど、今度はすぐに出てきたり、そういう気ままな動きしかしないのですね。

そこで、仕方がないから数学の確率論を使って、気ままな動きの傾向を知ろうと考えるわけです。

素粒子が気ままな動きをすることが、なぜわかったのかというと、ハイゼンベルグというドイツの物理学者が、『不確定性原理』という原理を見つけたからです。

不確定性、つまり、はっきりとはわからないのですね。

木から離れたリンゴは落ちる、という引力の法則ぐらいならはっきりとわかるけれども、素粒子がまずはどこに行き、次にどこに行くかというのは、決まっていないのでわからない。

物理学において、「そんなのは不確定だよ」とは、さぞかしいいにくかっただろうと思いますが、それをまず原理にしたのです。

はせくら　例えば、私がスーパーに買い物に行って、今日のフルーツはリンゴにしようか、バナナにしようかと、うろうろします。
まさしくこれは、『不確定性原理』ではないでしょうか？

保江　そうです！　『人間原理』というのは、まさに最初のスタートラインです。
よく「人間」という言葉を名前に入れてくれたと思います。
人間の行動パターンは、泡から泡に行く素粒子の行動パターンと、わりと似ているのです。

はせくら　面白いですね。ちょっと、街を歩くおばさんに似ていませんか？

保江　はい。一方で、サラリーマンを長年やっているようなおじさんは、そんなに不確定ではなく、いつも決まったパターンがあるでしょう。

はせくら　定型ルーティンですね。

保江　ルーティンに慣れて、飲みに行くときも、いつも決まった店で終わる。

ところが、本当に自由気ままな人というのは、「ちょっとこっちの、通ったことがない道に行ってみよう」とか、「新しい店ができたな。入ってみよう」とか、「飲もうと思ったけど、やっぱり映画を見にいこう」とか、様々でしょう。

それから、例えば主婦でいえば、今日は1万円まで使えるとビシッと決めてしまうと、その1万円をなにに使おうかといろいろな可能性を考えて、迷い始めるわけです。そうではなくて、今日は財布の紐を緩めて、いくら使ってもいいとすると、「じゃあ、これも、これも」と、買うものをあまり迷わなくなるのです。

はせくら　値段を見て計算しなくていいですものね。

保江　同じ主婦でも、そういう相反的な動きをするという性質があります。『不確定性原理』というのは、それと、全く同じなのです。

使えるお金の額が決められていたら、どんなふうに使うか思い悩んで、いつまで経っても判断がつかない。

逆に、金額はいくらでもいいよとなったら、買うものの決断は速くなる。

それと同じで、エネルギーと時間というのは不確定性があるのです。エネルギー、つまりお金をビシッと決めると、時間がかかりすぎます。

逆に、時間をビシッと決めると今度は、エネルギーをどう使うかがすぐに決められない、というように、人間の行動パターンに、『不確定性原理』がそのまま当てはまるのです。

はせくら　なるほど。
ということは、逆にいうと『不確定性原理』があることによって、つまり、きちんとした規定値がないということによって、人間の可能性領域が広がるということでしょうか？

保江　まさに、そうです。

『人間原理』と『対称性の自発的破れ原理』によって、まずは宇宙ができました。

そこから、泡の集まりが出てきました。

泡の集まりの中で、泡から泡に素粒子がピョンピョンと移動します。

これによって、この現実の中で、我々、素粒子の集合体としての物質でできたものがどう動くかが決まります。

そのときは、確率論でしかものがいえません。千鳥足で酔っ払って歩くようなものですからね。

だから、『不確定性原理』というのを当てはめざるをえなくなるのです。

『不確定性原理』を当てはめてしまうと、今度は可能性がたくさん出てきます。

そのときに、可能性を制限すると時間がかかりすぎるので、制限するのをやめると、スパッと決まります。

このように、それまでは物理現象というものは、時間やエネルギーに関係なく決まる世界だったのに、本当は互いに関連しているということがわかってきました。

選択するときも、確率的にしか選べないのです。

Aというチョイスがあり、Bというチョイスがあり、Cというチョイスがあるときに、Aを選ぶのは20パーセントくらいの確率、Bを選ぶのは70パーセント、すると、Cは残りの10パーセント。

そんなふうにしか、この泡から泡へ飛び移っていく素粒子の運動を予測することができないのです。

予測というか、記述することすらできません。

はせくら　でも、こちらには20パーセント、こちらには70パーセント、こちらは10パーセントというように、確率としては表すことができるのですね。

それで、物理法則として不確定性ではあるけれども、確率としてはあるといえる、ということになるのですね？

保江　はい。『不確定性原理』ですから、どうなるかはわかりません。

神の存在を証明した『最小作用の原理』

保江　でも、物理学者が認識すれば認識するほど、そこにはやはり、なんらかの法則やルールがあるということがわかってきました。
それが、『最小作用の原理』というものです。

はせくら 『最小作用の原理』ですか。

保江 18世紀に、モーペルチュイというフランスの修道士が論文として発表したものです。彼はその原理を、神の存在の証明に使いました。
ニュートンなどの古い時代の物理学でしたから、素粒子についてはまだ認識がなかったのですが、例えば、この宇宙の中で物体が動いていくとき、それは、作用を最小にするように動く、というものです。

はせくら それはつまり、最適化ということですか？

保江 そうです！
最適化という表現は、一般の人からはなかなか出てきません。

『最適性理論』というのが工学系にもあるように、物事を最適にする、最もエコにする、最も費用を安くする、などといった考え方です。

最適というのは、実は人間臭いでしょう？　一番楽なやり方にする、一番お金がかからない方法にする。

まさに、物理学の運動法則もそれです。

自然界におけるあらゆる物体が、『最小作用の原理』によって、作用というものを最小にするように、例外なく動くのです。

では、その『最小作用の原理』に全ての物体を従わせている存在は何かというと、それはつまり、神なのです。

それでモーペルチュイは、「私は神の存在を証明した」という論文を出しました。

はせくら　最小作用をもたらしていく、そのもとにあるのは神の力、というのですね。

保江　そうです。神の力です。

でも、確かにそうですよね。
この宇宙に存在する全ての物体、物質について、例外なく当てはめることができる原理が成り立つように取り計らうなんて、人間技ではとうてい無理ですから。
できるのはやはり、神様だけ。『人間原理』を超えた、『神様原理』でしょうね。

はせくら　『神様原理』、確かにそうですね。
また、『最小作用の原理』というのは、『最大効率原理』ということでもありますよね。

保江　またしても、そのとおりです。

はせくら　ということは、私たち人間も、『最小作用の原理』によって作られた最大効率の、最適化されたファイナルとしての姿なんだ、と見てもよいのではないでしょうか？

保江　はい、もちろん。さすがですね。先ほどからベタ褒《ぼ》めしていますが（笑）。
レオナルド・ダ・ヴィンチが描いた人体の絵があるでしょう？　芸術的にも素晴らしいで

すし、もう本当にきれいで、最適です。

人間は、形、機能、動き、どこを取っても、神様が造ったとしか思えないでしょう？

それと同じで、全ての物体、物質は、作用を最小にするように最適に操られており、まさにそこに、神の美しい支配力を見つけたというのがモーペルチュイの考えで、彼は誇らしげに、「これで神の存在を証明できた」といったのです。

他の物理学者たちも、すぐにそれに飛びつきました。

ですから、古い時代の物理学の論文は、全てが『最小作用の原理』をベースにして書かれています。

はせくら　人間のような完璧な姿というのは、神の御業《みわざ》に違いないというのが、この古典物理の神と科学を繋ぐ、一つの絆だったのですね。

保江　そうです。僕は、古典物理学という言葉は使っていなかったのに、はせくらさんはいみじくもおっしゃいましたね。
それでやっと僕も使えますが、ニュートンのような古い時代の物理学を古典物理学といい、その古典物理学の中に、『最小作用の原理』というものがありました。

これで、「神の中に我々はいる。神の恩寵の中に、我々の宇宙は成り立っている」ということが明々白々になったために、誰もそれ以上を疑うことなく、整然とした体系が成り立っていたのです。


ところがその後、アインシュタインや、ボーアや、ハイゼンベルグといった、20世紀初頭の物理学者たちが、「ちょっと待てよ」と、別のことを考え始めました。

そして、100匹目の猿のように、徐々に同じ考えの人が増えて、別の認識が生まれます。

その結果、量子論が出てきて、物理学という学問は、『量子物理学』という新しい枠組みに移行しました。

そして、残念ながら、この『最小作用の原理』は、量子論の中には存在できなかったのです。

はせくら　そこで、古典物理学とともに『最小作用の原理』が姿を消したのですね。

保江　一度それを捨て去ったときに、神との接点がなくなったわけです。

神の恩寵の中に全てが、宇宙までもがあると、みんなであんなにいっていたのに、それを全部捨て去ってしまいました。

そのために、みんな寄って立つところを失って、物理学者すらちょっと不安になったわけです。

そこに、ホワイトヘッドが『人間原理』というものを主張して、みんなは「なるほど」と、まずはそれを受け入れました。

その後に、南部陽一郎先生の『対称性の自発的破れ』で、「神の完全な調和の中から、ボンと壊れてできたのがこの宇宙で、それは泡の集まりである」という考えが生まれます。

そして、その泡から泡に飛び移っているという素粒子の運動を記述するには、確率論、つまり『不確定性原理』がどうしても必要だ、というところまで行きました。

すると、今度は101人目からの物理学者たちが、新しい量子論というものの中に、いろんな考えを取り入れようとしたのです。みんなが模索しました。

『最小作用の原理』というものは、素粒子が泡から泡に飛び移る『不確定性原理』で、はっきりしない確率でしか説明できない。

それでも、神の調和の下に出てきた泡の中を運動するのだから、やはり神の存在を示すことができるような、なにかがあるのだろうと、みんな長い間考えました。

ところが、誰もそれを見つけられなかったのです。

パート4　新型コロナウイルスが軽く受け流される世界へ

（対談第2回後半）

保江　少し話が長くなりましたから、いったんまとめますね。

まず、物理学の大原則として、『人間原理』という原理があります。

そして、南部陽一郎先生がノーベル賞を受賞された『対称性の自発的破れ原理』が発表されました。

湯川秀樹先生が、宇宙空間は泡でできているということを、『素領域理論』と称して発表されました。

それは、完全調和の場の中に、素領域と呼ばれる泡の塊、泡の集まりとして、この宇宙というものが、突然出現したというものです。それによって、泡から泡に移動していく素粒子の運動が、はっきりと決められなくなりました。

酔っ払いが次にどの店に行くかわからないように、様々な可能性が含まれる、『不確定性原理』に従う世界になってしまったのです。

さらに、「『不確定性原理』だけでは、本当の世の中の動きがわからないのではないか」と当時の物理学者たちが考えて、古典物理学にあった『最小作用の原理』を復活させようとしました。

しかし、大勢の物理学者が努力しても、どうしてもこの新しい『量子物理学』、つまり素粒子の動きをどうやって決めるかの場に、『最小作用の原理』を持ち込むことができませんでした。

『最小作用の原理』を持ち込みさえすれば、「それは神の御業である」ということで解決するんですが、『不確定性原理』があるためにそれができなかったのです。

そうなると、この世界の発展というものが、神様の思し召しのとおりにならない不確定なもので、実際に酔っ払いが溝に落ちるようなことが起きるんじゃないか、と、心配の種になっていたわけです。

そこで、スイスのチューリッヒにいたオーストリア人の物理学者、シュレーディンガーが、一つの方程式を思いつきます。

それが今日《こんにち》では、『シュレーディンガー方程式』と呼ばれるようになっています。

実は彼は、その『シュレーディンガー方程式』という美しい方程式を導き出すために、『最小作用の原理』を使っていたのですね、自分でも気がつかないうちに。

50年ほど経ってからこの事実に気づいたのは、日本からスイスのジュネーブ大学に移ったばかりの保江邦夫、つまり、若き日のこの僕だったのです。エヘン（笑）。

そしてその方程式は、実は物理学では、波動について記述する、『波動方程式』というものだった。

はせくら　波動関数とか、確率振幅というものですね。

保江　それです。

するとそれまでの物理学にも使われていた数学をそのまま使えて、どんどん計算も進み、いろんなことがわかりました。

それで、シュレーディンガーはノーベル賞を獲りましたね。

僕はまだ、もらっていませんが（笑）。

この『シュレーディンガー方程式』、つまり、『波動方程式』を数学的にきちんと解いていけば、新しい『量子物理学』、量子の世界や素粒子の運動を、全部説明できるということです。

波動で説明できるとわかったので、せっかく『最小作用の原理』を使ってその方程式を導いたにもかかわらず、そんなものはどうでもいいとなってしまいました。

『波動方程式』が出たのだから、またここから出発しようよ、と、新しい『波動力学』が『量子物理学』になってしまったのです。

それで『量子物理学』では、『波動力学の法則』とか、『波動方程式』を解いたらこうなった、という考え方が席巻したわけです。

その背後にあった『最小作用の原理』は、みんなに忘れ去られてしまった、というか、気づかれないまま消えてしまいます。

そこには、神の御業があったにもかかわらず、もう見ないでおこうと決めてしまったのです。50年以上もの間。

はせくら　まるで、現代のニュースのようですね。

新しく大きなニュースが入ると、それまで話題になっていたものをすっかり忘れてしまう。もっと議論すべき法案が裏で通っていたことに、あとから気づいたりね。

保江　結局、『シュレーディンガー方程式』、『波動方程式』で素粒子の運動を記述することになったために、「方程式の答えが事実」となってしまいました。

その方程式を解いてみると、いろんなことが出てきます。

前回も話に出ましたが、シュレーディンガー自身が、『シュレーディンガーの猫』という例え話を出していますね。

はせくら　面白かったですね、あの思考実験は。
毒物が出てくる確率が半々という箱に猫を入れた場合、生きているか死んでいるかは観測するまでわからない、という思考実験ですね。

保江　当時は実際にその実験をすることはできなかったんですが、今は、実験ができるようになっているのです。

もちろん、本物の猫を使ったらかわいそうですから、電子1個を使って実験します。

例えば、蛍光灯などの照明がありますね。

照明は、原子核の周りを、ぐるぐると電子が動いていて、その光の出し方は、装置の中にあるキセノンとかアルゴン、様々な原子の中の電子が、原子核からどのぐらい遠いところにいるかによります。

固いボールを地面に落とすとき、低い位置から落としたときよりも、もっと高い位置から落としたときのほうが、ボールが地面に接地したとき、より大きな音がするという事実と同じです。

遠いところにいるものから、ポンと落ちるのです。

すると、落ちたエネルギー分だけが、パッと光として発射されます。

エネルギー準位の高いほうから、どんどん落ちていくんですね。

人間が観測しなければ、いつか必ず落ちて光を出すのですが、これを、自然放射といいます。

逆に、観察した場合、あるエネルギー準位に電子がいたとして、観測している間は落ちないのです。

でも、ちょっと観測をやめて目を離すと、その途端に落ちる。

つまり、見られているときと見られていないときで、素粒子の動きが違ってくるわけですね。

はせくら　それは、見られていることで、特に見られた場に波動関数が収縮されて、つまり、波動性の波が粒子性の粒となることで、その後もその場を見せるようになるということですか？

保江　そういうことになります。

波動関数の収縮については、今、おっしゃられたとおりなんですが、その波動関数、つまり『シュレーディンガー方程式』の解である波動関数を使って理解しようとすると、観測しているときには波動関数が収縮されて、観測していないときには広がっているという表現しかできないのです。

ところが、物理学者の中には、「観測することで波動関数が縮んだり広がったりするのはおかしい。そんなわけないだろう」と考える人たちのほうが多かったわけです。

はせくら　でしょうね。

人間が関わることによって、いちいち変わってしまうと、物理学という、ある意味、人間がいなくても自然法則はあるという考えが、根本から崩れてしまいますものね。

保江　ちょうどそういう問題が提起された頃に、ホワイトヘッドが『人間原理』でそれをもっと拡大解釈したのです。

そもそもこの宇宙自体、人間が認識しているから存在できているのであって、人間が存在していなかったら存在しない、という解釈ですね。

それと同じで、『シュレーディンガーの猫』だって、人間が観測していなければ、生きている状態か死んでいる状態かわからない。

ひょっとして、そもそも猫すらいないのかもしれない。観測したときに、生きている猫か死んでいる猫かどちらかしか存在しないというが、観測した人の認識が、「生きている猫がいた」となった途端に、生きている猫がいる世界になったのだと。

そういうことを、主張し始めたわけです。

すると今度は、当時、アメリカのプリンストン大学の大学院生だったエヴェレットという青年が、「確かに、物理学者が観察、観測したからといって波動関数が収縮したり広がったりするとは考えにくい。なにかもっと、別の真理があるに違いない」と考えました。

エヴェレットはずっと思い悩んで、あるとき、ふっと閃きました。

「ひょっとすると、この現実世界は、可能性が重なって存在しているのではないか。だから、波動関数は収縮したり広がったりしているのではない。

猫が死んでいる宇宙もあれば、猫が生きている宇宙もある。あるいは、どっちつかずの宇宙だってあっていい。様々な可能性に対応した宇宙が、いっぱいあるのだ」と。

エヴェレットの『多世界解釈』――マルチチャンネルで同時放映されている世界

はせくら　すでに今、この瞬間、多世界が同時多発的に存在しているという、その考え方がエヴェレットの『多世界解釈』ですね。

保江　そのとおりです。

エヴェレットのことは、物理学者でも通常の教育しか受けていない人は知りません。

彼のことを知っているのは、よほどの専門家で、かつ標準的な教わり方では納得できずに、疑問を持って論文などを調べた人だけです。

大学院生にも、通常は教えることはありません。エヴェレットが考え出した『多世界解釈』という、物理学者でもよほどの人しか知らないこの単語が、変わり種の物理学者として知られる僕の口から出るのはわかりますが、はせくらさんの口から出るというのはすごいことです。

よほど背後で、人知れず勉強なさっていることがよくわかります。

はせくら　エヴェレットの『多世界解釈』が世に出たとき、「やっときた〜！」と思ったんです。それまでは、「コペンハーゲン解釈とか、波動関数が収縮するという、ある意味不安定なものって、どうなんだろう？」とずっと思っていましたから。

保江　不安定で、ご都合主義なものですからね。

はせくら　もし、これをメインにしたら、自分にとって都合のいいものしか存在せず、あとは全部消えてしまうような宇宙になってしまいますが、「宇宙はそんなにケチなの？」と思ったんです。

実際は、宇宙は気前がいいと思います。テレビにも裏番組があるように、今、見えている現実の裏番組がマルチチャンネルで同時放映されている……。

もし私が神であるならば、様々な可能性領域を、分身の術でも使って、全部同時に味わいたいです。

一つしか見られないというのは、もったいないのではないかと思ったわけです。


保江　お見事です。

僕も、そんなに頻繁に一般のテレビ放送は見ないんですが、たまに時間があってテレビをつけてみると、初めて見るような番組ばかりであまり面白くないんですね。

それで、リモコンでチャンネルをどんどん変えるわけです。

すると、同時に10番組くらいをパッパッパッと断片的に見られますよね。

そのうち、自分が神様になったような気になってきます。

ひょっとすると、本当に神様って、こんなふうに楽しんでいるんじゃないかなと思います。

はせくら　私も、それは思うんです。
今のテレビの例えでいうと、意識がリモコンとなってメインスイッチを決めている。けれども、このメインスイッチに飽きたら別番組にすることができる。
全ては同時に起こっているから、こうして意識の観点を変えれば、違う人生にすることができる。
それが、もともと、大いなるものから枝分かれした、『私』と呼ばれているものが持っている可能性そのものではないかと考えておりました。

保江　まさにそれが、『人間原理』です。

はせくら　なるほど、そこで繋がるんですね。

保江　『人間原理』とは、チャンネルを替える程度のものです。
例えば、僕は個人レベルだと、先ほど申し上げた『弱い人間原理』。

本当に、神様に直結しているような人だったら、家庭でもチャンネル権を持っている人と同じで、その人は『強い人間原理』を行使できているんです。

はせくら　なるほど。他の弱い原理を駆逐して、その強い原理が凌駕できますね。

保江　まさに、我々が住んでいる現実の宇宙の構造は、そうなっているのではないかと思います。

物理学者たちが、それをどんどん理解するようになってきました。

そもそも、『人間原理』を出した人も、『不確定性原理』を出した人も、最初はみんなボロクソにいわれているんです。「そんなバカなことがあるか」って。

けれども、だんだんとそれを認識する人が増えていき、そうして『弱い人間原理』が少しずつ力を持っていくと、人間の認識が統一されてきて、『強い人間原理』に変わります。

その途端に、世界は別の形になる。

これから人間は、そこをもっと利用していかなければいけないと思うんです。

はせくら　では、これをコロナの話で置き換えたいと思います。

この『人間原理』という、認識によって成り立っている宇宙、そして世界があるとすると、例えば、コロナという存在を認めたときに、コロナが現れたということなんでしょうか？

保江　まさにそのとおり。

最初の一人から10人くらいの科学者が、「どうもこの新型ウイルスはやばいぞ」と思ったときは、まだそこまで危ないものではなかったと思うんです。

それが、感染する人が出て、初めて亡くなられた方がいて、だんだんとみんながそういう認識に導かれていって、それこそ100人になったとか、ある一定の数を超えたときに、バンと広がったのです。

これがまた、『対称性の自発的破れ原理』なのです。

そのときに、『強い人間原理』になって、しかも、猛威を振るう非常に悪性の強い新型コロナウイルスというものが、地球上に実在するようになった。というか、実在する地球というものがこの宇宙に存在する世界に、我々は同時にワープしたわけですね。

はせくら　その泡宇宙にいるということですか。

保江　そうです。

この宇宙は、泡の塊ですが、全ての泡の塊ではありません。その泡の塊の一部が、この一つの世界。

でもそれとは別に、エヴェレットの『多世界解釈』の、例えば猫が死んでいる世界というのは、「この同じ泡宇宙の中の、この泡とこの泡とこの泡の組み合わせ」というように、同時並行でいくらでもいろんな宇宙が重なっているわけです。

その中の、「新型コロナウイルスが猛威を振るう。怖い」という宇宙に、我々が存在していることになってしまいました。

はせくら　それは、『強い人間原理』が凌駕してしまったんですね。

保江　そう、悪いように働いてしまったのです。

はせくら　なるほど。

ということは、今、私たちが存在し、認識している宇宙というのは、新型コロナウイルスが猛威を振るって、良い振る舞いをしていない宇宙というわけですね。

そのことを我々が認識することで、なにか変化はありますか。

保江　今後は、「新型コロナウイルスがそこまで悪いというのは幻想だった。心配しすぎだった。本当は、いつもの風邪くらいのものだったんだ」と認識していただくといいと思います。

僕一人がそう認識をしても、それは『弱い人間原理』なのでそれほど大きな影響はありませんが、だんだんとそれに協調してくださる方が増えたら、『強い人間原理』になっていきます。

そして、「新型コロナウイルスによる様々な症状は、実は風邪の症状そのものだったんだ」という世界を選ぶことによって、その世界に我々が存在できることになります。

はせくら　ということは、それまでの組み合わせの泡宇宙の世界ではなく、違う組み合わせの泡宇宙に移動する、という認識でよろしいでしょうか。

保江　そうです。

移動といっても距離を移動したわけではなくて、すぐそこにあるんですが。

そちらに移るわけですね。

自分が望む現象・現実の世界に移行するコツとは?

はせくら　その、移動するというのは、コロナのことだけではなく、様々な個人の願望にも応用できると思うのです。

今、現れている現象・現実から、そうではない、その人が望む現象・現実の世界に移行する、つまり、重なり合っている中の違う認識の宇宙に行くには、どのようなコツがあると思われますか?

保江　僕はその答えを、はせくらさんからいただきました。

僕が教えている、合気道の東京の道場が、新型コロナウイルスの関係で三ヶ月間、使えなかったのです。文京区の施設ですが、先日、やっと使えるようになり、ひさしぶりに道場での稽古を再開しました。

それが、前回の対談のまさに翌日だった。

といっても、三密はダメとか、様々な条件が課せられているので、いったいどうやって稽古をすればいいのかと考えました。

はせくら　武道の稽古で、ソーシャルディスタンスですか。

保江　それを守るので、大変だったんです。仕方がないので、

「皆さんは、できるだけ見ていてください」ということにしました。

「目で見るのも稽古です。僕が、古い門人相手にちょっとやってみますから」と、説明をしながら技をやって見せていました。

いわゆるスプーン曲げなどのような超能力現象や、霊的な現象について前回にお話しした

ときに、はせくらさんは、

「努力なんてしなくていい。こうだと決めれば、どんな現象も起こせる」とおっしゃっていたでしょう。

それでふと思い立って、

「相手がどんなにガタイが大きくて力が強い人でも、とにかくさわれば、姿勢が崩れて倒れる。それが当たり前で、この道場の中では普通の現象です。

どうやって相手を倒そうかなんて考えたり、努力をする必要はありません。

皆さんがそう決めたら、そうなります」と説明して、

「皆さんの前で、俺はそう決めたよ」と断言しました。

そして、ポンポンと相手にさわると、みんなバタバタと倒れるのです。

「じゃあ、いったん決めたことを解除します。今度は、なんとか倒そうと努力してみますね」といったら、今度はぜんぜん倒れなくなってしまいました。

「この違いがわかりますか？」と聞くと、みんなが、

「わかります。これまで先生にいろんな方法で合気の技を説明していただきましたが、今

の説明が、一番納得できます」というんです。

「じゃあ、みんなやってみてください。感染のことを心配しないという方は、二人で組みになって、稽古を始めてください」と伝えたら、僕の門人はコロナを怖がっていない人ばかりなので、すぐに始めました。

見ていると、みんなできていました。

全員、バタバタと相手を倒せている。つまり、決断できているんですね。お手本も見て、人間ができることだと納得したし、「この道場ではそうなるんだ」と決めたわけです。疑問に思うことなく、100％、そういうものだと思えたようです。

その状況を見ていた僕の美人秘書が、みんなの表情が変わったと、後で教えてくれました。それまで、「新型コロナの影響の中で、どうやって稽古するのかな」と、少し暗い雰囲気が漂っていたのに、「決めればそれでいい」と僕が説明した瞬間に、みんなの表情と雰囲気が、明るくなったと。

だから、違う認識の宇宙に行くそのコツは、実は、はせくらさんがおっしゃるように、そう決めればいいのです。

「自分の生活、これからの人生、全ては解決している。何も問題ない」と決める。例えば、昔の少女漫画によく出てきた、お金持ちの山の手のお嬢様。

はせくら 深窓の令嬢ですね。

保江 はい。令嬢には、その恵まれた生活が当たり前なんです。ピアノができて当たり前、じいやが一緒についてきてくれて、危ない目になど遭わないのが当たり前、挨拶は「ごきげんよう」が当たり前。あれなんです。

生活が大変な同級生もいるでしょう。つらいこともあるし、勉強がなかなか進まないこともあるし、ピアノを習いたくても、状況が許さないという子もいる。

でも、彼女はそんなことに頓着《とんちゃく》なく、「ごきげんよう」の世界に没入できているわけです。人から見たらうらやましい環境も当たり前ですから、特段、意識することもない。

それと同じで、自分が決めた世界に没入するのがいいのです。

これが、『弱い人間原理』を『強い人間原理』に転換する、最も楽な方法ですね。

はせくら　移行するのに最も大事なのは、没入すること。自分が決めた世界の中に没入して、一切、疑わないということですね。

保江　そうです。現代人の目から見ると、ある意味、利己的で自分勝手です。深窓の令嬢ってそうでしょう？

要するに、自分のことしか考えていない。どちらかというと、クールな女性というイメージですが、実は、そこまで没入していると世界がそうなるわけです。

それが、「友達がかわいそう」とかいっていると、自分の世界に没入できない。中途半端では、没入はできないのです。

はせくら　やはり生物は、最適なように自己組織化していくと思うんです。没入するというのも、自分にとっての最適解をもたらすための、自己組織化のような気もします。

保江　さすがです。

自己組織化イコール、何度もいっている『最小作用の原理』、つまり、『最適原理』です。自分の世界に没入して、自分も自分の世界も最適にする。

『最小作用の原理』で神の恩寵を受けるということが、世界、つまり全てのものが最適になっていくということなのです。

新型コロナウイルスが軽く受け流される世界へ

はせくら　コロナの話に戻りますと、「コロナは凶暴で恐ろしい」という認識の世界にいる自由もありますが、一人ひとりの『弱い人間原理』が、先生がおっしゃった「いつもの風邪くらいのもの」という認識をしたときに現れるのが、誰でもいける可能性がある他の世界であり、そこに行くのも自由、ということになるでしょうか？

保江　そうです。その、他の可能性の世界に、みんなで移ればいいのです。

そのためには、できるだけ多くの人数が必要です。

一人や二人ではダメで、ある程度の数の人が、本当にそう決めないとそうなりません。


はせくら　ここで、皆さんが不安に思うのは、決めたと思った次の瞬間に、疑問が出ることではないでしょうか？

こうと決めたとほぼ同時に、「そんな都合のいいことってあるかしら？」と疑ってしまう。

こうした疑いや不安を、どのように払拭していけばいいのでしょう？


保江　今の公共テレビ放送、新聞、マスコミが、みんな新型コロナウイルスについて不安材料ばかりを示しています。

そういうものを見てしまえば、誰でも不安になるでしょう。

ここはもう、そういうオールドメディアを見ない、そういうニュースに触れないことにするのです。

ニューメディアのニュースをいろいろなソースから集めて、自分で判断して、自分が主体的になって見ていくと、表には出ていないような記事にも行き当たります。

例えば、東京の新宿区で、特に感染者が増えた時期がありました。

実は新宿区は、新型コロナウイルスに感染した人に、見舞金を出していたのです。

そのお金が欲しいがために、若者があえて夜の街に行って、わざと感染していたわけです。

もう、本当に本末転倒です。

そんな裏事情がわかれば、新宿区で感染者が増えたからといってもそんなに怖くなくなります。

お金目的で積極的に感染しにいくようなものなのかと、軽く見るようになりますよね。

「コロナなんて、しかめっ面して、みんなで怖い怖いというほどのものではない」と、笑い飛ばせます。

そして、『弱い人間原理』がだんだんと『強い人間原理』に変わっていって、新型コロナウイルスを軽く受け流すような世界が選ばれて、我々はその現実の中にいるとなれば、もうコロナは大したことないものになるのです。

はせくら　なるほど。

今のお話を聞いていますと、現在起こっているプロセスや奥にあるものも含めて、それぞれの認識している『弱い人間原理』から、そうではないという『強い人間原理』へと移行するプロセスの最中を見ている、ということにもなりますよね。

保江　そうです、そのとおりです。

はせくら　となると、今という点で見てみればそれは大変なことかもしれないけれども、人間の認識が広がっていく中で、この感染症の問題も捉えていく。

そして、今後の新たなる感染症の脅威や、その他の天変地異といわれる災害も含めて、まずは『弱い人間原理』を適用して、その流れの中でより良くなっていくという認識の転換を一人ひとりがすることによって、より良い未来に行くことができる。

これは、非常に大きな可能性を秘めた、ベースにして最大の原理ではないか、という気がするんですが。

保江　それを今、我々は学ばせてもらっているわけです。

こういうことが起こりうるというのを、新型コロナウイルスというもので、まざまざと学んでいる最中なのです。

皆さんの『弱い人間原理』がだんだんと集まることで『強い人間原理』になり、そのうち、いつのまにかみんな新型コロナを忘れている、となっていけばいいのです。

今後、なにか新しい感染症が出てくるとか、富士山の強大な噴火が起こるなどといわれています。

隕石が落下するとか、いろいろと危ない、とんでもない世界になる可能性があります。

それを、コロナの経験を生かして良い方向に変えていく。

実は我々は、望む未来を自分たちで実現させることができるのです。

あらゆる可能性が多世界にまたがって分布していて、その中から一番良い、神様の思し召しどおりのものを、我々が自発的に実現させていくのです。

はせくら　対称性や調和を自発的に破り、望んでいる、しかも天の意に沿った現実を生み出していく力が、それぞれの内にあるということですね。

保江　はい。

まずは、それほど適用範囲が広くない身近なところで『弱い人間原理』を体験して、仕事がうまくいくとか、家族の病気が治っていくというレベルで自分の認識を良い方向に向かわせる練習を積み上げていく。

それがどんどん広まっていって、そのうちに人の同調、協調を得て、『強い人間原理』に変わる。

すると、世の中もそれに従って、神の御意志のままの、新しい未来を勝ち取ることができるのです。

はせくら　それを日本語でいうと、『一所懸命』だと思うんです。

我々の今すべきことを、『一所』に対して意識的に投入していくこと、そしてそこに没入していくことから全てが始まる。

それぞれの一所懸命、自分の場と時間の、その瞬間の中に没入していく。

それを各人が実践することによって、見えないところがちゃんと繋がっていって、一気に変わっていくということでよろしいでしょうか?


保江　そうですね。

ひょっとするとそれは、矢作直樹先生が昔からおっしゃっている、『中今』という概念ですね。

『中今』がどういう概念かは、説明が難しいと考えられてきました。

でも、今、はせくらさんがいわれた、各人が『一所』に対して懸命に没入していっている状態、それが『中今』だと思いました。

はせくら　そう思います。
この瞬間にすることに対して意識を向けて、そこに生き切っているというときは、不安もなければ、心配もなければ、後悔もない次元に行くんですよね。

不安や心配や後悔というのは、たいてい、今というこの瞬間から切り離されているときに起こります。

日本語で、「ただいま」は戻ってきたときに使う言葉ですが、不安や心配が出たときは、「今」に戻っていない、ということに気づくきっかけをもらったと思うといいですね。

お茶を飲むなら、お茶を飲む瞬間に意識を向けることによって、この一所懸命のエネルギーの圧が高まる。

その圧の高まり方が、そのまま別時空の違う組み合わせの泡宇宙と、より共鳴していくということになるのでしょうか？

保江　そのとおりです。

『置かれた場所で咲きなさい』の真解釈

はせくら　令和は、『ビューティフル（令）、ハーモニー（和）』ともいわれています。

出典となった万葉集の序文をよく読むと、それぞれの花が、それぞれあるがままに咲くことが、全体としての調和なんだよという世界観を伝えているのがわかります。

だから、タンポポはタンポポで、バラはバラで……というように、多種多様な花が、いろどり豊かに咲いている世界、和やかさに満たされている世界を創っていきましょうぞ、という深い想いも託されている元号なのです。

それぞれの花がそれぞれに咲き切り、全体が調和していくという意味ですね。

だから、タンポポはタンポポで、バラはバラで、それぞれの花を輝かせていって、全体として美しいお花畑になっていくという世界、多種が多様に輝いている世界なのです。


令和になってから、様々な現象が加速的に起こっています。

ということは、まずはこの『弱い人間原理』である自らの花をしっかり咲かせ切るという意思決定をすることで、新世界が始まるのではないでしょうか？

保江　お見事です。
僕はちょうど四年前に、ずっと勤務していたノートルダム清心女子大学を定年で辞めました。

その大学の、最後は理事長でいらしたけれども、それまで学長をなさっていたシスター渡辺和子は、二・二六事件で青年将校に殺された渡辺錠太郎教育総監の娘さんで、小学校2年生のときに、目の前で父親が銃で撃たれて死ぬのを唯一、目撃した証人なのです。

彼女のベストセラーに、『置かれた場所で咲きなさい』（幻冬舎）があります。

シスター渡辺は、卒業していく学生に対して、卒業式で「置かれた場所で咲きなさい」とずっと伝え続けていました。

でもそれは、例えば、会社勤めをしたらそこで頑張りなさいよ、というような意味でしか、僕も皆さんも捉えていなかったと思います。

今、はせくらさんがいみじくもおっしゃったように、「これからの令和の世界は、本当にタンポポはタンポポとして咲かなくてはいけないし、バラはバラとして、百合は百合として咲かなくてはいけない」わけです。

自らが、『弱い人間原理』を使い切っていく。

それが、調和に満ち満ちた、この素晴らしい神の御業が実現されていた、もともとの完全調和の場に近づける、おそらく唯一の方法です。

だから、「置かれた場所で一所懸命、それぞれの花として最適なかたちで咲きなさい」と、まさにはせくらさんがいわれたことを、シスター渡辺は示唆していらしたのではないでしょうか。

はせくら この「置かれた場所で咲きなさい」という言葉を、ただ文字どおり受け取ってしまうと、今ある一ヶ所にずっと居続けなくてはいけないと思いがちです。けれども、それこそが幻想で、同じ一ヶ所であったとしても、春があり、夏があり、秋があり、冬があるというように、環境がどんどん変わっているんです。

そしてまた、地球が太陽の周りを回るのも、毎日同じ軌道を通っているのではなくて、一回ぐるっと回ったら違う軌道を通ります。常に変化しているのです。

置かれた場所で咲くということは、常に変化していく中での最適解を求めながら、その中での一番心地よい咲き方をするということだと思うんです。

保江 ありがとうございます。実はそこが、卒業生たちが悩むところでした。

頑張ろうと思って会社で勤め始めても、しばらくすると自分に合わないことに気づく。

でも、シスターは「置かれた場所で咲きなさい」とおっしゃっているから、ストレスでいっぱいになっても自分にムチ打って、とにかくそこに居続けなくてはいけないのだろうかと。

いいえ、そんなことはないんですよね。

僕の人生、嫌になったらすぐに逃げていました。それでも、結果的に僕は、置かれた場所で咲いてきたと思っています。

今まさに、はせくらさんが指摘してくださったとおりなのです。

文字どおり受け取って、杓子定規に、そこにしがみついていなくてはダメだ、ということではない。

一人ひとりが『弱い人間原理』を使いまくって、それぞれがしたいことをして、波乱万丈で生きればいい。

初出勤のその日に、会社を辞めてもいいんです。

最適に表現してくださって、ありがとうございます。

はせくら　たぶん、そういうことではないかと、シスター渡辺の本を読ませていただいたときに感じました。

お釈迦様がおっしゃるように、生々流転の中で、全ては常に移り変わっているということが一つの真理ですから。

移り変わっていく中で、サーフィンをするように、一番気持ちのいい波間を泳いでいくんです。

置かれた場、その波その波の中で、一番心地よい自分へと没入していくことが、自分らしい花を咲かせるということではないかと思うんです。

保江　そのとおりですね。まさに、そういうことです。

はせくら　自分らしい花を咲かせることで、少なくとも自分の世界の中では、心地よい自分でいられるわけですから。

まさしくそれが、『弱い人間原理』です。

自分自身にとっての一番心地よい場やあり方、向き合い方で、それぞれが生きていくことが、結果として『強い人間原理』となります。

そして、それぞれが輝きながら全体として繋がっている相互相関の中で、この宇宙がより多様になり、美しい旋律、美しい詩を奏でていく。

まさしくこの移行期の中で、いろんなことが現れているという、より高次の世界観を持っています。

保江　まさにそうですね。

今日は、この対談場所に来るのに、僕の白金の部屋から品川駅まで歩いてみました。

その途中、高輪を過ぎて品川プリンスホテルにかかる辺りに、カトリック教会があります。

教会の建物の前に掲示板が立てられており、普段はめったにそこの掲示を見ることはないのですが、まだ、乗る予定の電車までだいぶ時間があったので、ふと足を止めました。

すると、バチカンのフランシスコ教皇様の写真とともに、そのお言葉を記したポスターが貼ってあったのです。

正確な文章としては覚えていませんが、意味はちゃんと覚えています。

「今、大変なこの時期に、皆さんはなにかをしなくてはならないと思い、様々なことを考えておいでです。地球上には、弱い立場の方がたくさんいらっしゃいますから、そこに行ってなにか手助けをしようとお考えになるのは、決して悪いことではありません。

けれども、あなたの助けを最も必要としている方は、本当はあなたのすぐそばにいらっしゃいます。まず、その方をお助けください」

そんな意味でした。本当に、そうだと思います。

例えば、ブラジルで新型コロナウイルスの患者が爆発的に増えている。

じゃあ、なんらかの物資を携えて、そこに行って手助けをしてあげたいと思うこともあるでしょう。

でも、ブラジルまで行くには大きな負担がかかりますし、そもそも今は、国外にも行けません。

それよりも、すぐ近くに、新型コロナウイルスにかぎらずなんらかの病気で弱っている方とか、なにか困っている方がいたら、自分のできる範囲ででも手を差しのべる。

それが、自分の花を咲かせる、置かれた場所で咲く、ということの実践だと思うのです。

各人がそれぞれの場所で実践すれば、全体のことは神様の調和の原理、『対称性の自発的破れ原理』、『最小作用の原理』で、うまくまとまります。

はせくら　「よきにはからえ」、「ごきげんよう」みたいに。

保江　そうです。

僕は、その教会の前を何回も歩いているんですが、今日、初めて立ち止まって掲示板を見ました。

さっきまで忘れていたんですが、はせくらさんがおっしゃったのを受けて、ローマ教皇と同じことをおっしゃっていると思ったんです。

はせくら　やっぱり人生って、いいことばかりではなくて、大変なこともしょっちゅう起こるわけです。

そのときには、今、目の前にある自分にできることを、最高と思えるかたちでやり続けていく。

瞬間瞬間の、マックスを求めていく。

日々、精進していくようなこんな生き方は、古めかしいと思われてしまうかもしれませんが、本当に今、この瞬間と一つになるという、禅的な境地になるのかもしれません。

当たり前のことを当たり前に、一所懸命にやっていくということが、そのまま『弱い人間原理』になり、そして『強い人間原理』となっていく。

こうした神様の大きなプログラム、与えられている艱難《かんなん》や課題というのは、決して罰や報いなどではない。

私たちが、神の分身としての可能性を大いに楽しみながら、この世界をさらに素晴らしくしようとする、大きな大きな計らいの中を、まさに、私として、あなたとして、生きている。

そんな気がしました。


保江 そのとおりです。完璧にまとめていただきました。

これは、物理学の話と同じじゃないかと思いました。

今、まとめていただいた人間の生きる全てが、実は『人間原理』であり、『対称性の自発的破れ原理』であり、『不確定性原理』であり、『最小作用の原理』です。

本当に、『弱い人間原理』で置かれた場所で咲いていくと、それは『最小作用の原理』で、ちゃんと神の心に則った、調和に満ちた世界が実現できます。

自動的に、自発的にそうなる。

最適なものが、自ら選ばれていく。

皆さんは、ご自身の『弱い人間原理』に則って、置かれた場所で咲けばいい。これは完全に、宇宙の諸原理と、そして、一人ひとりの人間に当てはめるべき原理と、まるっきり同じだなと思いました。

はせくら　フラクタルですね。すごい。

保江　まさに、フラクタル。

「人間は宇宙だ」というのは、こういうことをいっているんでしょうね。

はせくら　今、この刹那の中で、私の中に先生を見つけるし、空間の中にはまた、私と先生を見つける。

ホログラフィーというのでしょうか。

本当に小さなことも大きなことも、一即多、多即一で、相関しながら感じるわけです。

我、今、思う。この瞬間に、なにを思い、なにを選択し、なにを見出し、どの認識でいくかということを言葉に語り、行動していくという、この一つひとつのプロセスが、より輝きを増して感じられるような、本当にそんな気持ちになりました。

「我思う、故に我あり、故に神あり」――デカルトは本質を見抜いていた

保江　見事なお言葉です。

「我思う、故に我あり」

これは、デカルトが現代物理学の基礎を作るときに、まず必要とした言葉なわけです。

その上で、彼がデカルト座標という、３次元の座標系という概念を生み出し、そこで物体の運動を数学的に記述できるようになったおかげで、その後、ニュートンやガリレオたちが、古典物理学の枠組みを作ることができました。

その基本は、「我思う、故に我あり」だったのです。

『量子物理学』になると、今度は人間が認識しているからこそ、この宇宙は存在すると考えられるようになりました。

結局、デカルトの「我思う、故に我あり」という呪縛から逃れられていないんですね。

はせくら　けれども、このデカルトの論理から、神と人とが切り離されて、科学優位となった今の市場原理が発達したんです。

この21世紀の時代になって、再び神と人とが寄り添って、「我思う、故に我あり」という認識の宇宙になってきました。

我思う、故にあるものが我、我思う神、故に神あり。

では、神とはなんぞや。

神そのものが我の中に含まれ、全ての中にも含まれ、そこから『対称性の自発的破れ』で、自らの意思、意図を持って世界を造っていく。

そんな意味では、呪縛というよりも、新たなる次元へと昇華したような、そんな気がします。


保江　ありがとうございます。

本当に見事に説明してくださって、僕も、頭が急にすっきりしました。

デカルトの我と、『人間原理』が繫がるとまでは思っていなかった。

今、完璧に繫がりました。

蛇足になりますが、旧約聖書にも書かれていますね。

神に対して、「あなた様はどなたですか?」と聞いたときの答えが、「I am what I am」。

「在りて在るものだ」と日本語の聖書では訳されていますが、あるものが神なのです。

そうすると、「我思う、故に我あり」の、我というのは神なわけです。

我思う、故に、我は神なんです。

我を思えるのは、神ということですね。

はせくら　そうですね。
思考ができ、あらゆる可能性の場を探求することができ、かつ、体験することができる……、つまり、神であるということが、この『弱い人間原理』から始まった、帰結の一つということになるんですね。

保江　素晴らしい帰結です。デカルトもやはり、本質を見抜いていましたから。

はせくら　「我思う、故に我あり」がきちんと解釈されず、心と体が切り離されて、機械的人間になっていった時期もありました。

本当は彼は、「我思う、故に我あり、故に神あり」ということがいいたかったのに、うまく伝わらなかったのです。

それで、この400年にわたる、神を切り離すという冒瀆の世界を、本当に辛く感じていました。

だから、いつかそれにリベンジしたいという思いを、私は二十歳の頃から持っておりました。

それで、パリに行ったときにはデカルトのお墓の辺りを散策しながら、「わかった。あなたの思いは、いつかきっと理解してもらうよ」と約束していたんです。


保江　これでよくわかりました。

実は、モーペルチュイが『最小作用の原理』を発見して神の存在を証明したとき、その背後には、デカルトの影響が大きくあったのです。

モーペルチュイは、デカルトに非常に憧れていたんですよ。

はせくら　ニュートン、デカルトとひと絡《から》げにされてしまって、デカルトはとても辛かったみたいですよ。

それからどんどん、人が機械的になり、そして今の市場原理で、ポスト構造主義へと向かっていきました。

その流れは全部、デカルトからきているわけです。

けれども、実際の彼の本意は、神によって理性が与えられていて、その理性を使うことによって、より神と同一化していくということだったのです。

その悲しみと、裏切り者とののしられたユダの悲しみには、通じるものがあります。

ガリレオ・ガリレイも、ずっと誤解を受けてきています。

うまく利用されてしまった歴史上の人物たちの悲しみの想念体も、今、解かれようとしているようです。

パート5

『置き換えの法則』で現実は変化する

（対談第3回）

『弱い人間原理』で、結果の確率が変化する

はせくら　最近よく聞くパラレルワールドについて、物理学者の観点からおうかがいしたいと思います。
パラレルワールドとは、いったいなんでしょうか？

保江　これについては、１９２０年頃から、物理学での考え方ががらりと変わりました。

それまでは、決定論的な考え方、つまり、初期値が決まったら後は、ほとんどが決定されていると考えられていたのです。

最初にある条件が与えられたら、その後、こういう結果になって、未来永劫、変わらないという世界です。

例えば、石を投げたら必ずどこかに落ちるとか、ロケットを打ち上げれば必ずどこかに到着するとか、最初の作動から、結果が決められるという考え方だったのですね。

ところが、１９２０年頃から、どうもそれでは説明できない現象がいくつか見つかるようになりました。

それが結局、量子論という論理を生み出すのです。

では、量子論はといえば、実は、未だに統一されておらず、全員が納得できる解釈には至っていません。

はせくら　まだ至っていないんですか？

保江　まだなのです。物理学者というのは、深い部分での議論とか、哲学的な話が苦手な人が多い。

計算して答えが出れば、または、実験結果により原理を証明できればＯＫ、という程度にしか、理論は扱わなくていいと思っています。

根掘り葉掘り、深いところを暴いていくと、トラブルに見舞われるのではないかという不安から、臭いものには蓋をする傾向がある。

それで、量子論についても、あまり議論されてきませんでした。

それでも、ノーベル賞を受賞するような物理学者、特に理論物理学者の間では、やはりそこは避けていてはいけないということで、細々とではありますが、様々な研究が続けられてきました。

その結果、今や、ほとんどの物理学者が認めている量子論は、決定論とは違うということが判明しました。

量子論の世界では、最初になんらかの条件があっても、その後のプロセスを100%決定できるとはいいません。

可能性についてのみ、言及できるのです。

こういう可能性になる確率は0．7ぐらいで、こういう可能性になる確率は0．2ぐらいとか、可能性の分布を計算し、予言することができる。

はせくら　あらゆるものは、確率によって示されるということですね。

保江　そういうことです。いつでも可能性はあるわけです。

例えば0．9、つまり9割方、こうしたことが起きる。

でも、残りの0．1の確率で、ひょっとしたら非常に珍しいことが起きるかもしれない。

結果がどうなるかについて、誰が決めるのか？　はたして神様か、あるいは単なる偶然なのか？

それは、誰にもわからないのです。

でも、先に述べたエヴェレットが『多世界解釈』を提唱した当時、同じプリンストン大学の学者たちが、ある実験をしました。

サイコロを自動に振る機械を使うと、サイコロの目は１から６まで、だいたいどれも６分の１の確率で出てきます。

ところが学生に、

「２が出る、２が出ると必死で願うように」と指示して、サイコロを振るという実験をしたところ、２だけが６分の１以上の確率を示したのです。

何人かの人間がこういう将来になってほしいと望んだら、『弱い人間原理』で量子論の確率が変化する、ということが認められたわけです。

はせくら　ということは、『弱い人間原理』を使う意図を持った人々は、一定数必要ということでしょうか？
それとも、その意図を持った人の、いうなれば意識の高さ、意図の強さというものがあれば、数が少なくても影響を及ぼすことができるのでしょうか?

保江 両方、正しいと思います。

例えば、お釈迦様やキリストやムハンマドのように、偉大な思想家や宗教家の場合は、単独でもよかったと思うんです。

ところが現代は、そういう飛び抜けてすごい人が現れにくい。

そういう場合には、量が必要です。

100匹目の猿のように、ある程度の数がまとまったほうがいいでしょう。

はせくら それで、確率が上がるのですね。

理想としては、数と一人ひとりの質の双方向を上げていく、ということでしょうか?

では、その人が持っている質の高低と、それをどのくらいの時間を費やして思っているかという量と、いわゆるパラレルワールドと呼ばれているものは、関与しているのでしょうか?

保江 もちろんです。

例えば、この瞬間の世界がありますが、次に現れる我々の世界というのは、あらゆる可能性の中から一つだけ実現したものです。

けれどもひょっとしたら、別の可能性が選ばれていたかもしれないのです。

はせくら　裏番組も続行中ということですね。

保江　そのとおりです。裏番組というのは、とてもいい表現です。

例えば、家族が10人いたとして、テレビのリモコンが10個あったとします。

でも、テレビは1台です。

その場合、みんなで同時にリモコンを操作すると、一番多くの人が選んだチャンネルになる可能性が高まります。

でもそれは、あくまでも確率であって、長男一人しか押していないチャンネルが採用される可能性も、ゼロとはいえません。

量子論が出てきて以来の未来の現実とは、まさにそれだと思います。

いったん、その現実が決まった後に、再び戻って別のところに行くというのは、非常に難しいと思います。

はせくら　差し替えていくのはどうでしょうか。

保江　難しいですが、戻る必要はないと思うんです。

今、Aという結果になった世界にいるけれども、本当はBという結果になってほしかったとします。

そのときは、Bから派生する次の世界へ、Aから行けばいい。

はせくら　飛び石のように、Bから派生したBプラスの世界に行くのはOKなんですね。

このBプラスも実際、今一つだったなと思ったら、Cから派生しているCプラスに行けばいいということですよね。

このような飛び石になることを、私は「時空のサーフィン」と呼んでいます。

保江　いい表現ですね。

はせくら　時空の波を優雅に、軽やかに越えていく、そんな感じです。

保江　まさに、サーフィンもそうですものね。

ある波に乗ってから、向こうの波に乗っておけばよかったと思っても、戻ってやり直すことはできません。

でも、向こうの波も継続して平行に走っているから、今ある、向こうの波に移ることはできるわけです。

時間が進むのは、70億の人間の選択による

はせくら　なるほど。

以前、皆さんに不思議体験のレポートを募ってみました。

すると、「これってパラレルワールドかしら？」と思うような体験談がたくさんあったの

です。

三日間で500件くらい届いたのですが、一つひとつが、ものすごく正確で細かいんです。なぜかというと、その人にとってあまりにも整合性がつかない、本当に奇妙な出来事だったので、詳しいところまでよく覚えているからですね。

保江　貴重な資料ですね。

はせくら　その中から、いくつか厳選してお伝えします。

いろんなバージョンがあったのですが、すごく多かったのが、失せもの現る編。なくなったと思っていたものが現れたという話です。

例えば、いつもの場所に鍵を置いたのに、どこを探しても見つからない。気を取り直して、もう一度始めから探そうといつもの場所を見たら、普通にそこにありました、びっくりです、という体験談が多数あるのです。

保江　そこは、すでに探したはずだったのに、という。

はせくら　何回も探したんです。それで、もうないなと諦めていたら、現れた。
そういうことを体験した方がたくさんいらっしゃるんですが、これも一つのパラレルワールドでしょうか？

保江　少なくとも、物理学においては物体は消えません。

そのへんにあったものが突然消えると、『エネルギー保存の法則』に反しますので。

物体自身が消えるということは、考えにくいです。

ただし、その物体がそこにはない、という世界が選ばれるのは、エネルギーとは無関係の話です。

だから、どんなにありえないケースが選ばれたとしても、エネルギーがそのために費やされるということはありません。

例えば、僕は自分の家の鍵を置くときには、鍵に対して何も思いを込めません。

持って行くときは意識しますが、帰ったときにはホッとして、いつもの場所にポンと置きます。

そして、次に出かけるときは当然、99．999……％の確率で、いつも鍵を置いている玄関の棚にあるはずです。

でも、残り0．000……1％の、稀にしかない現象が起きて、別のところに行っているかもしれません。

その場合、鍵を取りにいってもそこにはないわけです。

「あれっ？」と思って、必死に探しますよね。

でも、どこにもない。

もしかすると、そのときに選ばれていた現実世界では、そもそも鍵というものすら存在していなかったのかもしれない。

必死に探しても見つからなくて、結局、疲れ果てて精神状態も変わります。

そして、また次の現実世界を選択します。

一人だけが選択するわけではないんですね。

地球では、70億の人たちが選択しています。

はせくら　70億の人たちがそれぞれに選択して、そうなるんですね。『弱い人間原理』ですから。

保江　そして、ふっともう一度、あるべき場所を見ると、今度はそこに鍵があるんです。それは、自分以外の70億マイナス1の人たちが、たまたま選択して、その確率で実現した世界では、この鍵がここにあった。そういうことです。

はせくら　なるほど。

私も、何度も経験があります。

例えば、コップでお水を飲んでいたのに、手が滑って、そのコップを落としてしまいました。普通は、水がこぼれて、割れたコップがそこに転がるんでしょうが、一瞬、「そうなったら嫌だな」と思ったんです。

すると、次の瞬間、水の入ったコップがそのまま床にありました。

そのとき、水の入ったコップが床に置いてある現実を自分で選んで、その時空に移動したんだと認識したので、さして驚くこともなく、ただ、感謝しました。

そういうことはよくあります。

Aの世界からBプラスの世界に行く、今の例でいえば、コップが割れていない現実を選んでいくには、なにかコツがあるのでしょうか？

保江　宇宙の彼方のことまで考えると複雑になるので、とりあえず、地球近辺のことだけ考えた場合、地球上には現在、ほぼ70億の人間がいます。

その70億人が、絶えず、いろいろな決断をしたり、行動をしたりします。

例えば、僕自身、あるいはせくらさん自身は、ただ一人です。

そして、自分が何もしなくても、70億マイナス1という、他の圧倒的多数の人々が、決断をしたり行動をすると、現実が勝手に選ばれて、どんどん進んでいくように感じるわけですね。

相手は70億マイナス1人で、こちらは一人なので、圧倒的に、他の人が選んで自分は関与していない場合がほとんどです。

それによって、時間が進んでいきます。
時間というものは本当はないのですが、なぜあるように感じるかというと、自分以外の『弱い人間原理』で、現実世界がどんどん変わっていく。
これを我々は、時間が勝手に進むと感じているのです。

はせくら 自分が感じているということが、『弱い人間原理』でしょうか?

保江 自分が感じているのではなくて、希望している、願っている世界です。

はせくら その世界が、『弱い人間原理』なんですね。

保江 そうです。とにかく何も考えないで、ただボーッとしてなんら意図がないときにも、時間が進んでいるように、つまり世界が変化しているように思える。
それは、70億マイナス1人の人たちが、いろんなことをしているからなのです。

はせくら　錯覚ですね。

保江　そうです。それが、我々の常なんです。

人間って、時間が勝手に流れていると思ってしまっていますよね。

でもそれは、他の人たちが圧倒的に多いからなのです。

70億近い人がいるので、自分の存在は70億分の1、ごくわずかな確率です。

自分以外の人の決定で、だいたいのことは決まってしまいます。

はせくら　ということは、主体とされる人が意思を持ったときに、時間が勝手に進んでいくと思われるような作用に対して、変化という影響を及ぼすことができるということでしょうか？

保江　そういうことです。

ですから、自分、ただ一人でやるのならば、本当に強い、確固たる意志を持たなくてはいけません。

そんなに強い意志を持てない場合は、できるだけ仲間を増やすことです。70億人の中の、40億人は味方につけるとか。多数決のような考え方ですね。

はせくら　マスの原理で、小さい歩みでも、たくさんあると強くなるということですか？

保江　はい。

『置き換えの法則』で現実は変化する

はせくら　今の世の中の流れをみると、自分の意思とはちょっと違うと思うような現実が、広く展開されていますよね。

その中において、自分が望む現実に移行したいときは、具体的にはどのようにするといいでしょうか？

保江　現状に当てはめますと、例えば、なぜここまで新型コロナウイルスが怖いといって、みんなでマスクをして怯えているのでしょうか。

それは、ニュースも新聞もテレビも、多くのメディアでコロナは怖いと、恐怖感を植え付けるような情報ばかり与えているからです。

すると、コロナは怖いと思う人の数がどんどん増えますよね。

はせくら　仲間を増やす、になっていますね。

保江　怖いと思っている人が圧倒的多数の状況の中で、たった一人、例えば僕がマスクをしないで電車に乗って、怖くないよといってもダメなんです。

僕が、歴史に残るような偉大な聖者で、皆が僕のいうことに納得してくれればいいのですが、そうではないので、大多数の人が抱いているコロナへの恐怖心を、変革する必要があるのです。

そのためには、置き換えなくてはいけない。

はせくら　置き換える、ですか？

保江　別のものに、置き換えるのです。

小さい子どもが、「あれが欲しい」と駄々をこねたとき、賢いお母さん方はどうするかというと、他のものに置き換えます。

「家に帰ったらこれがあるよ」とか、嘘でもいいから、「あっちの店に行ったらもっとすごいのがあるから、行ってみよう」と置き換えるわけです。

そうすると、子どもは駄々をこねるのをやめて、お母さんについていくわけです。

はせくら　『置き換えの法則』ですね。

保江　そうです。世界中の人たち、特に日本人たちの頭の中でいっぱいになっている新型コロナウイルスというものを、別のものに置き換えるわけです。

では、どんなものなら置き換えられるのか？　ちょっとした事件くらいでは無理でしょう。

もっと過激な、例えば、首都直下型地震や、富士山の噴火、ゴジラの上陸とか。

はせくら　ゴジラ、いいですね。

保江　ゴジラが湘南海岸に上陸して、鎌倉の大仏と対決する。
そんな事件が起きたら、もう、みんなコロナのことなど忘れます。
やっと皆さんの頭の中から、新型コロナウイルスというものが消える。
すると、次に選ばれる現実世界の中からも、コロナは消えます。

はせくら　コロナのない世界、あったとしても、ぜんぜん大したことのない世界に切り替わるんですね。

保江　みんなが、「新型コロナウイルスなんてどうでもいい」と思っている世界に行くんです。

はせくら　でも、その世界に飛ぶには、やはり過激で、心の占有率が大きいものでなければ、なかなかうまくいかないということですね。

保江　そうです。

以前の、コロナがない世界にいったん戻って、再びそこから選んで行けるのであればいいのですが、それはできません。

今、実現している世界では、新型コロナウイルスに対してほとんどの人が怯えています。

先ほどの話のように、もうAの世界は現実化しているので仕方がない。

でも、コロナが起きていないBの世界の未来、Bプラスの世界には飛ぶことができます。

ただし、それには、この現実世界で怯えているたくさんの人たちの頭の中のコロナを、置き換えなくてはいけません。

そのためには、ゴジラ上陸ぐらいのインパクトが必要だということです。

はせくら　置き換えるというのは、脳という、バーチャルリアリティ映画館の上映番組を替えるということですね。

保江　そういうことです。

はせくら　なにか重大なことがないと、上映番組は替えられない。

保江　例えば、催眠術や、映像のサブリミナル効果を大々的に利用するのもいいでしょう。

ただ、放送局を自由にできるなど、それこそ国を動かせる政治家レベルの人たちであれば、国民を洗脳することもできるでしょうが、我々一般人はそんなことはできません。

今、コロナに向いているみんなの気持ちをポンと入れ替えるには、ゴジラ上陸でしょうね。


はせくら　この話は、どう捉えられるでしょうか？

あるお子さんが車に轢かれたのを、その子のお母さんが目撃していました。

でも、「あ、轢かれた」と思った次の瞬間、子どもは轢かれていなかった。

「いったいなにが起こったんだろう」と思いつつ、家に帰ってその子をお風呂に入れたら、背中には確かにタイヤ痕があったというんです。でも、怪我はしていなかったのです。

痕が残っているということは、車に轢かれた現実もあったはずでした。

でも、普通に家族団らんをして、お風呂に入っているという現実の方を選んだということです。

驚きとショックでずっと覚えている記憶だそうですが、これは、現実の差し替えといえるでしょうか？

保江　僕も似たような経験があるので、その話は信じます。

ただし、先ほどから説明しているパラレルワールドに飛ぶというのが、量子論的な可能性の中から別の可能性が得られるほうへ移り変わるということであれば、タイヤ痕はあってはいけないのです。

はせくら　そうなんですか？

保江　タイヤ痕があるということは、実際に轢かれています。轢かれたという現実になっている。

轢かれてなおかつ、元気でピンピンしているという現実、それはちょっと、物理学的にも量子論的にもありえないのです。

はせくら　はい。

保江　だから、それに対しては僕も、天使が助けてくれたとしかいえません。もう、そちらに逃げるしかない。

タイヤ痕がなければ、物理学の様々な枠組みの中で説明するのは簡単です。「そちらを選択して移った」でいいわけです。

はせくら　タイヤ痕があってなおかつ元気だという、そのパラレルを選んだということではどうでしょうか？

保江　それは、パラレルとしては成立しません。パラレルではなくて、ハイブリッドです。組み合わせているんですね。

はせくら　歪みに歪んだ、時空の組み合わせですね。

保江　はい。ひょっとして神様が選択するときに、「もう間に合わないから、タイヤ痕は付けたままでいいや」と、中途半端になったとか。

はせくら　なるほど。こういう体験は、そうたくさんはないかもしれませんね。やはり、いざ生死が関わると、特別なことが起こることがありませんか？

保江　あります。

僕も、はせくらさんのように、水の入ったコップを落としたのに、気がついたら床に何事もなく置かれていたことがあります。

実際、本当に落ちたかというのは、わかりません。落ちているように見えているだけです。でも、我々の認識においては、最初はここ、次がここで、最後はこうなるけれど、その間については はわかりません。

我々の脳が勝手に、落ちているというイメージを作ってしまうのです。

それを利用して、手品師は100円玉を持った指を動かして、まるで飛んでいるように見せてしまうのですが、本当は飛んでいないんですね。

でも、ある動作をすれば、100円玉は飛んでいると、見ている人は錯覚するわけです。

本当にそう見えるように、脳が動くからです。

それと同じで、飲み物が入ったコップが落ちたはずなのに、床にポンと置かれているという現象が実際に起きていたのかと問われると、わからないのです。

最初と最後だけははっきりしていて、最初はここ、そして最後は床の上にちゃんと立っています。

でも、それだけが現実であって、間は脳が勝手に作り上げています。

はせくら　私も実は、そう思っています。

脳が、整合性のある一つの現実を作ろうとしていると。

床の上にコップが落ちたと思っているのは幻想で、もともとコップは床の上に水の入った状態であった、と捉えています。

実は、私たちはいつでも、優雅に、少しずつ違うパラレルワールドに行っているのではないかと考えているんです。

「過去と未来の両方を決めることで今が決まる」のが新しい量子論

保江　そうです。

我々はつい、最初がこうなら、最後はこうなる、と思ってしまいます。

そう物事を捉えるように教育されているというか、脳がそう認識するのに慣れてしまっているわけです。

ところが、量子論にも様々な矛盾があって、先ほどいった可能性の中からパラレルワールドに移行する、というのもやはりおかしいと考える物理学者もたくさんいます。

その中の数人が、

「そもそも最初から間違っていて、量子論が出てくる前の古典論、石を投げたらどこかに当たるという、その記述すら間違っていたのではないか」と考えました。

つまり、

「なにかが最初にある状態であったら、それが時間とともに違う状態になって、現象が起きました、という考え方では、この宇宙や世の中の現実を正しく捉えられないのではないか」と。

それで、どういう捉え方をすればいいのかを、数人の物理学者が考えて、最終結論が、「未来と過去を、両方とも決めなくてはいけない」となったのです。

過去だけ決めれば、未来永劫に至るまで全部が決まる、というのがそれまでの現実世界の捉え方でした。

しかし、それをやめて、過去と未来の両方を決めて初めて、真ん中の現在が決まるという考えが、どうやら正しいといい出しました。

最初は、同意する人は少数でした。

でも、物理学者や数学者がいろいろと検証していくうちに、「量子論は、過去と未来の両方を決めてから今が決まるという、論理的な整合性を持っている理論である」ということが、今から30年ぐらい前に、やっと突き止められました。

それ以来、未来と過去の両方を決めて、現在はこうなっているということを決める計算の方法が主流になってきました。

ところが、それは量子論の一般向けの解説本の中では、一切、記されていません。30数年前にやっとわかったことなので、一般のレベルまでまだ降りてきていないのです。

一般の人は、量子論においても、過去を決めたら現在、未来がそれに従って決まっていくと思わされていますが、実際は、過去と未来の両方を決めて、やっと現在のこの瞬間のことが決まるわけです。

はせくら　私の中では、時間そのものの未来や過去という認識がないので、よくわからないんですが。

保江　簡単な話です。

コップが床にあったことと、コップがテーブルの上にあったことの両方を認識して、初めて間に起きた出来事がわかるのです。

はせくら　きれいに繋がっている現実として、脳が現在を認識するわけですね。

保江　最初、コップがテーブルにあったことだけで理解しようとして、その結論として床にあるとすると、整合性がないのでよくわかりません。

でも、過去においてはテーブルの上にあり、未来においては床の上にあるのは事実です。

この事実をもとにすると、その途中では、もしかしたらなんらかの作用が働いて、コップが二回転半ひねりをやって、見事に着地したのかもしれません。

それは、一つのプロセスです。

はせくら　皆さんが一番気になるところは、個人レベル、あるいは社会レベルでも、こうありたいと意図する未来を決めることができるのか、ということだと思います。

保江　はい。まずは決める、決めなくてはいけません。

はせくら　こうありたいと決めるということでしょうか？

保江　未来の姿を決めないと、現時点も決まりませんから。

はせくら　ということは、未来をしっかり決めたとき、そこから現実が変わっているということですか？

保江　もちろん、そうです。未来を一つに決めなくてはなりません。
皆さんは、過去には手を出せないのです。
過去は変えられない。変えられるのは、未来のチョイスだけなのです。

はせくら　私の感覚では、もともと未来、過去の観念がないので、こうありたいと望む未来が決まったときに、今の空気も変わるのですが、同時に過去も変わっているんですよね。

保江　それもあります。
僕も、過去の話が人と食い違うことが多いです。

「あのときはこうだった」とこちらがいっても、「いや違う、こうだった」と返されることがよくあります。

はせくら　やはり、私たちが日頃から意識して、こうありたいと思う未来の意思決定をしっかりすることが、大切なのでしょうか？

保江　そうです。

はせくらさんの未来と過去が繋がった現実世界が、僕の未来と過去が繋がった現実世界と一致するとはかぎりませんよね。

はせくら　そうですね。

保江　だから、ひょっとして過去も違うかもしれないし、未来は絶対に違います。

もし、非常に似たような考え方を持って、似たような未来の想定をしていると、現実世界も似たような、誤差がそんなにないものになりえます。

でも、今のこの現実世界というのも、70億の人それぞれから見ると、微妙に違っている世界なのです。

例えば、社会的に見ると悪いやつだと人は思っても、別の人から見たらいい人だということもあり、それと同じことが、もっと細かい物理学的な現象についても生じています。

やはり、10人いれば10とおりの今があって、それぞれの過去があり、それぞれの目標とする未来があります。

それが、同時並行的に合わさって存在しているのが、この現実世界だと思います。

ですから、背中にタイヤ痕があった話は、そのお母さんの現実世界の中では轢かれたのを見てしまっていますから、背中には、タイヤ痕があって当たり前というふうに脳は捉えるでしょう。

そうすると、タイヤ痕も見えるわけです。

思い出したことがあるのですが、僕は、大学院時代に、神社の境内の中にあったボロボロの掘っ立て小屋のような家に下宿していました。

部屋の中に、普通にトカゲがいるようなところだったので、なにが出てきても不思議ではありませんでした。

あるとき、本棚の裏から、ヒトデの形をした宇宙怪獣のようなものが壁づたいに出てきたのです。驚いて、応戦できるような棒などを他の部屋に取りにいき、慌てて戻ってきたら、いなくなっていました。

そんなエイリアンみたいなやつが、寝ている間に悪さをしたら困るでしょう？

だから、必死に部屋の中を調べたんですが、どこにも見つからない。

気になりつつ過ごしていたところ、数日後に、カタッと音がしました。

「出たな」と思って、音のするほうを恐る恐る見たところ、本棚の後ろ側に、雑誌が落ちかけていたんですね。

僕はいい加減な人間だから、本棚に本を収めるときに、横にしていたり適当に並べて、そんなことになっていたのです。

その雑誌は、たぶん『月刊　ムー』（学研プラス）だったと思うのですが、ページがめくれた状態になっていて、そのカラーページに載っていたのが、宇宙人のような物体だったんです。

なんてことはない、それが、エイリアンの正体だったのです。

はせくら　でも、最初に見たときは、動いていたんですよね？

保江　僕にはそのように見えました。

本当は、雑誌のイラストが動くはずはない。でも、そう見えてしまったんですね。

はせくら　面白いですね。

保江　そのときは、まだそのあばら家に入居したばかりで、「なにか出そうだな？」と怯えていたわけです。

そういう気持ちでいると、そういうものが見えてしまうんですね。

だから、幽霊を見たと思っても、実は柳の葉が揺れていただけだった、とか、昔からあるでしょう？

それと同じで、人間は精神状態によっては、そういう存在をリアルに見えるように作ってしまうことがあるんです。
今でも、そのときの恐怖をリアルに思い出します。
そのお母さんも、そんなショッキングな体験をして、お子さんの背中には本当はタイヤ痕がなくても、見えていたのではないでしょうか。

はせくら では、それもマトリックスですね。

保江 はい。パラレルワールドというよりは、マトリックスです。

「マトリックス（仮想現実の世界）」から抜け出す方法

はせくら では、マトリックスと呼ばれている、この仮想現実の世界から抜け出すにはどうしたらいいでしょうか？
抜け出すことはできないのか、それとも、新たなマトリックスに入れるのでしょうか？

保江　1970年代、多くのアメリカの若者が強制的にベトナム戦争に送られた時代に、カウンターカルチャームーブメントが起こり、アメリカの西海岸では、大勢の若者がLSDなどのドラッグを使用していました。

ドラッグに頼ったり、瞑想やヨガをすることにより、現実逃避をしていたように見えていました。

でも、彼らにとって、そうした行動は逃避ではなくて、別の現実に移ろうと努力をしていたんですね。

そうしたファクターを考慮すると、脳に作用して精神状態を変えたり、リラックスさせられる薬草などを使用するのも、一つの方法ではないかと思います。

もちろん、日本ではそうした薬草は法律違反なので使えませんが、今のマトリックスから抜け出すのに有効かもしれません。

はせくら　マトリックスから抜け出した後は、どうなるのでしょうか？

保江　神様へ全託している、それこそ赤ん坊の状態です。

自我による意図が何もない、純粋無垢な状態です。

無垢な状態になっていると、おそらく、神様というか大自然のようなものの働きが、100％、ダイレクトに表出してくると思います。

自我の意識でこうありたいと望む以上の、その存在の本来あるべき姿、あるべき未来、あるべき現実世界になるのでしょう。

はせくら　パラレルワールドのさらに先にあるのが、マトリックスを抜けた世界であり、全託で無垢で、完全調和の場に肉体を持ったまま委ねている境涯であるということでしょうか？
私たちは、今生きているマトリックスの世界において、そのマトリックスの夢から覚めることを求められているのでしょうか？

保江　夢から覚める必要はないと思います。マトリックスが夢であるならば、「覚める」という表現が適切なのですが、夢ではないからです。

マトリックスから抜けることができたとすれば、赤ん坊のような無垢な状態になり、そこに漂うのです。

そこでは、意図や願いなど、一切必要がありません。

ただ、その完全調和の中に浮いている状態を楽しんでいると、神様という完全調和が勝手に流れを起こしてくれて、気がつくと全てを委ねてでき上がった現実にいる自分に気づくわけです。


はせくら　神様の、『対称性の自発的破れ』の中に委ねるようなものでしょうか？

破れて次元下降をしてきた瞬間、全く別の今になっているというような。

これは、新しいというか、パラレルワールドという概念を超えた理念ですね。


保江　これは僕の考えというより、先に体験された方がいらっしゃいます。

その方は、神戸の近藤孝洋《たかひろ》先生という剣術家で、頭がツルツルで、一見、怖い人、強面《こわもて》の先生です（笑）。

いつも真剣を持って歩いているので、反社会的組織の組員でも、みんな目を合わさずに避けて通ります。

その先生がいつもおっしゃっているのですが、真剣で斬り合いをするとき、首筋から斜めに袈裟《けさ》斬りの斬り方でこられると、避けようがない。

正面から、まっすぐに下ろしてくれれば左右に退けられますが、斜めに袈裟斬りでこられたら、右に避けても左に避けても、斬られます。

そのとき、いったいどうすればいいかわかりますか?

近藤先生は、「無住心剣」を具現化していらっしゃるんです。

「無住心剣」は心に住んでいないと書きますが、心に住んでいない剣術、心ここにあらずということ。

斬りかかられて「あっ」と思ったときに、こうやって防ごうとか、こっちに逃げて、なんて考えていたら絶対にやられます。

では、どうするかというと、神様に全託し、放り出すのです。

そうすると、神様の完全調和が、絶対に自分を斬らない太刀筋になるように、見事に相手の体を動かして、ギリギリのところで刀が避けていくわけです。

それができないとき、例えば相手が、刀の筋を変えることができない程度の筋力しかない場合は、鋼鉄でできた刀身を曲げてくれるといいます。

これが、剣術の極意です。

近藤先生は凄まじい鍛錬と修行をなさっており、その方がそうおっしゃるならそうなんです。

一般的には、「いや、そんなことありえない」と思われるでしょう。

でも、一回目の対談でお話ししたバーディーさんのように、通常、人力で曲げることは不可能と思われるほどの厚みと硬さを持つスプーンでも、目の前で曲げてしまう人がいる。

それを思えば、神様に全託すると日本刀でも曲がるという、近藤先生の話もありえます。

だから、はせくらさんがおっしゃったように、この世のマトリックスを脱出するには、赤ん坊のような無垢の状態になって、神様に全託することが必要なのかもしれません。

たとえ、40階のビルの屋上から突き落とされたとしても、全託したら、地面に普通に立っている自分がいるとかね。

はせくら　となると、『弱い人間原理』からすれば、私たち一人ひとりの認識している宇宙は、『人間原理』が全託になった瞬間に、現れる世界ががらりと変わるのですね。

保江　そういうことです。

はせくら　一人ひとりが自我意識を持って、こうありたいと願っている間は、まだ『弱い人間原理』ということ。

でも、神へ全託して、完全に無垢な赤ん坊の状態になってしまうと、それはもう『弱い人間原理』ではなくて『強い人間原理』、それこそ本来の、『人間原理』になるんですね。

保江　そうです。『人間原理』、そのものになります。

がらりと世界が変わり、神様のいうとおりになってしまう世界です。

神へと歩みを進める神道という道

はせくら 私たちが今、ここに肉体を持っているということは、そうした無垢な状態へなってゆくプロセスを楽しんでいるということでしょうか？
神様の遊びのようですね。

保江 みんなが神へと歩みを進めているのが、この世界です。

はせくら となると、そこに至るプロセスとして、神様に相対するような気持ちで、丁寧に暮らしていく、愛をもって全てに取り組む。
こうした行為一つひとつも、全託した『人間原理』に至る、大切なプロセスであるといえますか？

保江 そのとおりです。
よく、神社の神主は、神道の基本は掃除だ、とおっしゃいます。

はせくら　お掃除、なるほど。

保江　神社は、本殿、拝殿、社務所、庭などで構成されていますが、朝晩の決められた作務ではもちろん、何もないときも、とにかく、それぞれの場所の掃除をしています。

この考え方は、神道だけのものです。

神様をお迎えするところだから、雑巾がけをして、常にきれいにしておく。

日々のその繰り返しが、神にお仕えし、神に近づく道です。

だから、神道とは何かというと、掃除になるわけです。

はせくら　素晴らしい。

まさしく、日々、心も身も掃除して整えていくという、そのものが神の道ということですね。

保江　まさに、道です。

はせくら　この対談でいろんなことをおうかがいしてきましたが、最終的に立ち還ったところは、きれいに整えていくということなのですね。

そうした意図から始まる『弱い人間原理』が、やがてこのパラレルワールドも、そしてマトリックスさえも超えて、全託されていく。

そして、あらゆる瞬間が神の空間、領域になる。

このプロセスをまさに今、歩んでいるということですね。

我々全員が、日々、神への道を歩んでいるんです。

保江　そのとおりです。

はせくら　なんだか、楽しくなりますね。

保江　神様を人格化するのはあまりよくないのですが、仮に、神様に人格があったとしたら、もう、楽しくて仕方がないだろうと思います。
苦難の道も、楽しい道もあるでしょうが、とにかく地球の近辺だけでも70億とおりの道があるわけです。
他の惑星、他の宇宙も考えれば、もっともっとあって、それを同時並行で見られる。

はせくら　一気に走らせる、量子コンピューターのようですね。

保江　そうなのです。これは楽しいですよ。
本当に無限数ともいえるルートを一気に走らせながら、神の経験値を上げている。
我々はまさしく、その大切なルートの一つであり、全体である。
一にして全、全にして一なのです。
これは、まさにホログラフィーだといえます。

はせくら　ホログラフィーですね。
物理学の話と人生の話が、ここまで関連し合っているとは思っていませんでした。
複雑だけれども、とてもシンプルなんですね。

保江　そう、シンプルなのです。
法則はシンプルであり、実際に現象として現れるものは複雑。

はせくら　この多岐に渡るダイナミズムを、我という一人ひとりの体をもって、いかにして創造してゆくのか。

愛を持ってお掃除をしながら生きていくプロセスが、新しい時空を造っていく。

おそらく、人間が望んでいる先にあるのは、本当に平和で豊かな、みんなが笑っているような社会でしょうから、そこに向かって日々、その道を歩んでいく。

『弱い人間原理』から『強い人間原理』へと、瞬間瞬間にパラレルも変わっていくでしょう。

そのままそれが、神のシナリオのような『人間原理』になっていくということなんですね。

壮大な話になりました。

保江　実に壮大で、いいですね。
安心してください。人間にはもう、ここまでわかっているのですから。

はせくら　うれしいです。人はやはり、思慮深くある必要がありますね。物事をただ鵜呑みにするのではなく、その奥にある実質を考え、神へと変えていく力。それも含めて、神の経綸（＊）の中にあることを、今回すごく感じました（＊神の経綸とは、神が自分の民の救いのために宇宙万物の運行と秩序、時間を最も適切に調節して、分配し並べ、計画して支配しながら管理する全ての過程を意味する〈新約聖書　コロサイ1:25〉）。

保江先生、たくさんのお話をいただきまして、本当にありがとうございました。

保江　こちらこそ、とても楽しかったです。

本当にありがとうございました。

おわりに……Wonderful Worldへようこそ！

保江邦夫（理論物理学者・武道家）

最後まで読み進んでいただいた皆様には、もうおわかりでしょう。

そう、この本は天下の奇才、いえいえ、天上の鬼才ともいうべき「はせくらみゆき」という大いなる存在が、「我思う、故に我在り、そして宇宙森羅万象在り！」という真理に気づき、その真理にまみれる人生を選択したことで、この世界を真にWonderful Worldへと変容させてしまった記録であり、皆様をこの素晴らしい新世界の中で安心立命の境地に導くための、バイブルだったのです。

永遠に相反し続けると思われてきたサイエンス（科学）とスピリチュアル（霊学）が、このWonderful Worldの中では融合調和したサピエンス（賢学）となって、我々の理解を助けてくれることになります。


えっ、なんの理解かって？

そう、我々人類が最後の最後まで放置してきた究極の疑問の数々……。

『神とはなにか？』
『宇宙とはなにか？』
『時間とはなにか？』
『生命とはなにか？』
『人間とはなにか？』
『愛とはなにか？』
『何故に全ては存在するのか？』
……を理解するための。

でも、さらに疑問に思う向きも少なくないかもしれません。
こんなことがわかったところで、それがいったいなんの役に立つの、と。
そんな愚かな疑念を懐く方々に、僕は声を大にしていいたい。

「人類の知性を高めるために、役に立っているのだ！」と。

このWonderful Worldの中で真理探究へと迷える人々を導くはせくらみゆきさんの凛々しい姿は、僕の眼には、ドラクロワが描いた三色旗を掲げて民衆を導いている自由の女神に映っています。

女神の脇には、本来なら率先して闘わなくてはならない貴族がマスケット銃を持ってなんとか後に続こうとしていますが、その表情は実に頼りなさげです。

そんな情けない男を奮い立たせるためなのか、豊満な胸を露わにした女神は、後ろを振り向きながら冷めた表情を作っていて、まるで、

「あなた、しっかりしなさいよ。男でしょ!」といわんばかりです。

そしてこのWonderful Worldの中で、はせくらみゆきという女神に同じ表情をむけられてしまっているのが、この僕。

「あなた、しっかりしなさいよ。物理学者でしょ!」

こうして奮い立った僕は、煽《おだ》てられた犬も木に登るかのように、これまでの理論物理学者人生の中ではとても公言できなかったような、物理学とスピリチュアルの境界をはるかに超えてしまう真実の数々を、カミングアウトしてしまうほどの勇気と責任感を懐くことができ

ました。

その結果、こんな僕であってもマスケット銃を手にして女神の後に続いた貴族のように、はせくらみゆきさんがその輝ける知性と霊性を武器にして切り込んでいった、サピエンス溢れるWonderful Worldへと通じる茨の道を、踏み越えていくことができたのです。

はせくらみゆきさん、ありがとう。

あなたがいなければ、そしてあなたが成し遂げた科学と霊性の融合によって生まれたサピエンスという究極の宝物を、目の当たりにする今回の機会に恵まれていなかったならば、僕の人生も、我々人類の知性も、実に陳腐で、つまらないものになっていたはずなのですから。

保江 邦夫（やすえ くにお）

1951年、岡山県生まれ。理学博士。専門は理論物理学・量子力学・脳科学。ノートルダム清心女子大学名誉教授。湯川秀樹博士による素領域理論の継承者であり、量子脳理論の治部・保江アプローチ（英:Quantum Brain Dynamics）の開拓者。少林寺拳法武道専門学校元講師。冠光寺眞法・冠光寺流柔術創師・主宰。大東流合気武術宗範佐川幸義先生直門。特徴的な文体を持ち、70冊以上の著書を上梓。

最近の著書としては、『人生がまるっと上手くいく英雄の法則』、『ＵＦＯエネルギーとＮＥＯチルドレンと高次元存在が教える地球では誰も知らないこと』（松久 正氏との共著）、『祈りが護る國　アラヒトガミの霊力をふたたび』、『浅川嘉富・保江邦夫 令和弐年天命会談 金龍様最後の御神託と宇宙艦隊司令官アシュターの緊急指令』（浅川嘉富氏との共著）、『薬もサプリも、もう要らない！ 最強免疫力の愛情ホルモン「オキシトシン」は自分で増やせる！!』（高橋　徳氏との共著）、『胎内記憶と量子脳理論でわかった！『光のベール』をまとった天才児をつくる たった一つの美習慣』（池川　明氏との共著）『マジカルヒプノティスト スプーンはなぜ曲がるのか？』（Birdie氏との共著）（すべて明窓出版）他、多数。

はせくらみゆき公式 WebSite
https://www.hasekuramiyuki.com/
（社）あけのうた雅楽振興会
https://www.akenoutagagaku.com/

はせくら みゆき

生きる喜びをアートや文で表すほか、芸術から科学、ファッション、経済までジャンルにとらわれない幅広い活動から「ミラクルアーティスト」と称される。日本を代表する女流画家として国内外で活動中。2019年には国際アートコンペ（イタリア）にて世界三位を受賞し、翌年のアートコンペ（イギリス）では準大賞を受賞する。他にも雅楽歌人としての顔や、次世代のための学習法など、様々な教育コンテンツを発表し、いずれも高い評価を受けている。主な著書に『コロナショックから始まる変容のプロセス』（徳間書店）、『宇宙を味方につけるリッチマネーの法則』（徳間書店）、『OTOHIME』（Neue Erde in Germany）他、累計50万部の著作がある。一般社団法人あけのうた雅楽振興会代表理事。英国王立美術家協会名誉会員。

※当書籍「宇宙を味方につけるこころの神秘と量子のちから」の元となる収録映像（4本）の詳細情報はコチラ。（書籍化されていない部分も収録されています）。
https://www.event-form.jp/event/14651/yasuehasekurataidan/

宇宙《うちゅう》を味方《みかた》につける
こころの神秘《しんぴ》と量子《りょうし》のちから

保江邦夫《やすえくにお》　はせくらみゆき

明窓出版

令和三年四月一日　初刷発行
令和三年四月二十五日　二刷発行

発行者 ―― 麻生 真澄
発行所 ―― 明窓出版株式会社
〒一六四―〇〇一二
東京都中野区本町六―二七―一三
電話　（〇三）三三八〇―八三〇三
FAX（〇三）三三八〇―六四二四

印刷所 ―― 中央精版印刷株式会社

ISBN978-4-89634-431-8

大反響!!

UFOエネルギーとNEOチルドレンと高次元存在が教える
～地球では誰も知らないこと～

本体価格：2,000円＋税

超地球次元の理論物理学者
保江邦夫博士

×

スーパーDNA医師
松久 正医師

「はやく気づいてよ大人たち」子どもが発しているのは
「UFOからのメッセージそのものだった！」

超強力タッグで実現した奇蹟の対談本！

Part1 向かい合う相手を「愛の奴隷」にする究極の技

対戦相手を「愛の奴隷」にする究極の技／龍穴で祝詞を唱えて宇宙人を召喚／「私はUFOを見るどころか、乗ったことがあるんですよ」高校教師の体験実話／宇宙人の母星での学び―― 子どもにすべきたった1つのこと

Part2 ハートでつなぐハイクロス（高い十字）の時代がやってくる

愛と調和の時代が幕を開ける ――浮上したレムリアの島!／ハートでつなぐハイクロス（高い十字）の時代がやってくる／パラレルの宇宙時空間ごと書き換わる、超高次元手術／あの世の側を調整するとは―― 空間に存在するたくさんの小さな泡／瞬間移動はなぜ起こるか―― 時間は存在しない／松果体の活性化で自由闊達に生きる／宇宙人のおかげでがんから生還した話

Part3 UFOの種をまく＆宇宙人自作の日本に在る「マル秘ピラミッド」

サンクトペテルブルグのUFO研究所―― アナスタシアの愛／UFOの種をまく／愛が作用するクォンタムの目に見えない領域／日本にある宇宙人自作のマル秘ピラミッド／アラハバキの誓い―― 日本奪還への縄文人の志／「人間の魂は松果体にある」／現実化した同時存在／ギザの大ピラミッドの地下には、秘されたプールが存在する（一部抜粋）

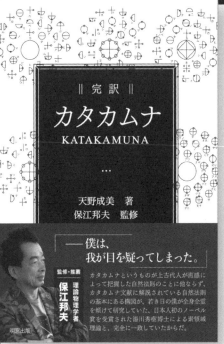